KOSPI200
선물옵션 트레이딩 바이블

증권회사 딜러들의 매매기법 대해부

KOSPI200 선물옵션 트레이딩 바이블

초판 1쇄 발행 2011년 6월 30일
    2쇄 발행 2011년 7월 11일
    3쇄 발행 2012년 7월 19일

지 은 이 권혁렬
발 행 인 최지숙
편집주간 이기성
기획편집 윤정현, 이하늬, 김은경
표지디자인 신성일

발 행 처 도서출판 생각나눔
출판등록 제396-2008-00008호
주 소 경기도 고양시 덕양구 화정동 903-1번지, 한마음 빌딩 402호
전 화 031-964-2700
팩 스 031-964-2774
홈페이지 www.think-book.com
이 메 일 webmaster@think-book.com

값 12,500원
ISBN 978-89-6489-066-0 13320

도서
출판 생각나눔
www.think-book.com

증권사 딜러들의 매매기법

선 물 옵 션
트레이딩 바이블

권혁렬 지음

"지피지기면 백전불패"

적을 알고 매매하면 최소한 패하지는 않는다

Futures & Options Trading Bible

들어가는 말

2011년 5월 8일 한국거래소에 의하면 우리나라 파생상품 시장의 하루평균 거래금액은 64조 원에 달한다고 합니다. 1996년 처음 상장되어 거래되었을 때 1,574억 원과 비교하면 거래금액은 15년 만에 408배, 거래량은 4,000배 넘게 증가하였습니다. 특히, KOSPI200 옵션 한 상품이 전체 거래량의 94%를 차지한다는 내용은 파생상품시장이 투기판으로 변질되었다는 것을 말해준다고 할 수 있습니다. 대부분의 개인 투자자들은 주식에서 손해를 보면 KOSPI200 선물을 매매하며, 선물에서도 손해를 보면 한꺼번에 날린 돈을 만회하기 위해 투기성이 높은 KOSPI200 옵션에 뛰어들었다가 결국 '쪽박'차는 악순환의 로또식 투자를 하고 있습니다. KOSPI200 선물옵션시장은 제로섬게임이 아닌 마이너스섬 게임시장입니다. 이런 살벌한 시장에서 생존하기 위해서는 최소한의 기본적 이론 소양과 실전적 매매 경험이 필요합니다. 아무런 준비 없이 시장에 참가하시는 것은 불에 뛰어드는 불나방과 같으며 확률적으로 카지노시장처럼 승률이 영(0)에 수렴한다는 것을 빨리 인식하시고 자신만의 원칙과 매매 틀이 완성되었을 때 시장에 진입하시기 바랍니다. 첫 PART에 언급한 증권회사 딜러들의 매매에 대한 내용은 제가 직접 증권회사 딜러를 하며 경험했던 내용들입니다. 기관 대부분과 외국인들도 증권회사 딜러들과 유사한 시스템적 구조하에서 매매하므로 그들의 매매기법과 원칙을 이해하고 매매한다면 최소한 이기지는 못해도 패하지 않고 파생시장에서 생존할 수 있을 거라 확신합니다. 파생시장은 예측의 시장이 아닌 대응의 시장입니다. 시장을 자신만의 생각으로 예측하여 매매하지 마시고 시장의 흐름에 따라 자신만의 원칙과 시나리오로 기계적으로 매매하시기 바랍니다. 아무쪼록 이 책이 KOSPI200 선물옵션을 거래하고 계신 개인투자자님들이 성공할 수 있도록 하는 데 도움이 되기를 기대합니다.

끝으로 미흡한 제자를 이렇게 성장하게 해주신 경재의숙의 정경재 원장님과 10여년 동안 파생시장에서 동고동락한 천안형님, 이 책을 발간하는 데 도움을 주신 생각나눔 관계자분들과 사랑하는 나의 아내 혜림, 아들 범준, 민서, 그리고 물심양면으로 도와주신 주변 모든 분께 감사드립니다.

2011년 5월

권 혁 렬

목 차

PART 3
옵션거래 이해하기 ● 55

PART 6
실전 트레이딩 기법 따라 하기 ● 167

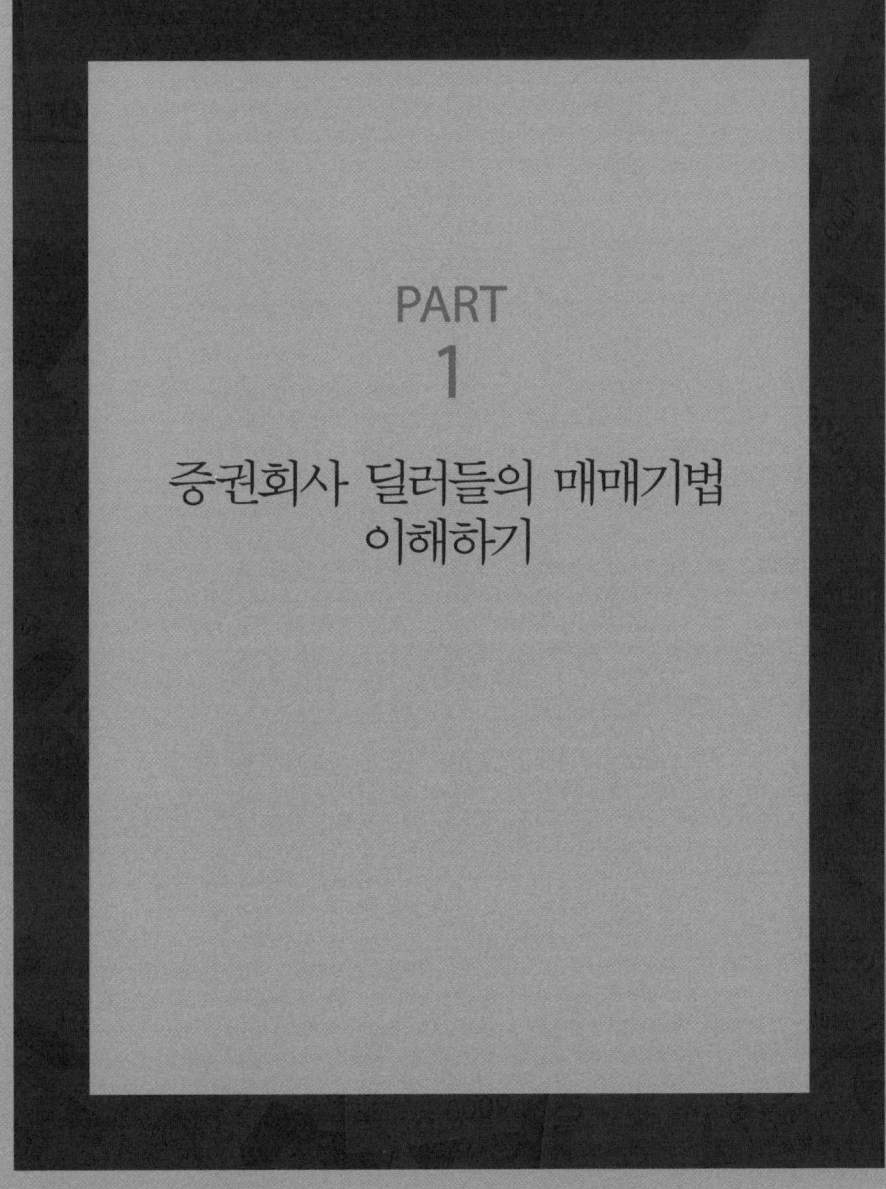

PART
1

증권회사 딜러들의 매매기법
이해하기

본문의 내용은 저자가 직접 증권회사 딜러를 하며 경험한 내용으로 KOSPI200 선물옵션 시장의
메이저인 증권회사 딜러의 매매 운용에 관한 것으로 증거금 사후제도 및 저렴한 매매비용으로 인해
개인투자자들은 증권회사 딜러와 외국인투자자에 비해 확률적으로 시장에서 생존하기가 어렵습니다.
손자병법의 "지피지기면 백전불패"라는 명언처럼 적을 알고 매매하면 최소한 패하지는 않을 것이라
생각하며 적을 이기기 위해서는 항상 때를 기다리시는 인내력과 끈기를 키우시기 바랍니다.

KOSPI200
선물옵션 트레이딩 바이블

1

증권회사 딜러들은 얼마나 될까요?

국내증권회사의 딜러들은 1990년대 후반 및 2000년 초반에는 경영, 경제, 무역과 등의 경상계열 전공자들이, 2000년대 중반에는 수학, 통계, 공학과 출신들이 대부분이었으며 2000년대 후반부터 현재까지는 전산학과, 프로그래머, 게이머, 금융공학을 전공한 딜러들이 선물옵션시장에서 발군의 실력을 발휘하고 있습니다.

국내증권회사는 과거 40여 개사로 대형사, 중소형사, 온라인증권사 등으로 구분할 수 있으나 2008년 6월 예비인가를 받은 증권사와 추가 신생증권사가 인가를 받아서 현재 60여 개사 내외가 될 것입니다. 대부분 증권회사에서는 선물옵션팀, 파생상품팀, 금융공학팀, 전략매매팀, 기타 이름으로 KOSPI200 선물옵션을 투기적으로 매매하고 있습니다. 한 증권회사에서 일 년간 벌어들이는 수익은 적게는 수십억에서 많게는 수백억에 이르며 한 증권회사의 전문 딜러들은 보통 30~40여 명 내외로 구성되어 있습니다. 국내 증권회사의 딜러들의 총수는 대략 1,500~2,000명 정도입니다.

외국계 증권사의 딜러 수는 대략 한 증권사당 7~13명 정도이므로 10여 개 증권사의 총 딜러는 100에서 200명가량 되며 이들 역시 국내

증권사의 딜러들과 동일한 구조로 운영되고 있습니다.

항상 2,200여 명의 타짜(도박판의 타짜)가 우리의 돈을 빼앗으려고 선물옵션 시장에 진입하기만 기다리고 있다는 생각으로 매매해야 합니다.

MEMO

2

증권회사 딜러들의 등급과 수익은?

증권회사의 딜러들은 보통 벌어들이는 수익에 따라 S급 딜러, A급 딜러, B급 딜러, C급 딜러로 나눌 수 있으며 각 등급에 따라 Risk 한도와 Position 한도가 각각 차이가 있습니다. S급 딜러는 각 증권회사 딜러의 5% 정도로서 소수이나 이들이 벌어들이는 수익이 해당 증권사 수입의 50% 이상을 차지합니다. 대략 적게는 10억에서 많게는 100억 정도를 벌어들이며 회사별로 약간의 차이는 있으나 벌어들인 수익의 절반 이상을 인센티브로 받아 갑니다. A급 딜러는 각 증권회사 딜러의 25% 정도로서 5억에서 10억 정도의 수익을 벌어들이며 수익의 40% 정도를 인센티브로 받아 갑니다. B급 딜러는 각 증권회사 딜러의 40% 정도로서 가장 많은 인원으로 2억에서 5억 정도의 수익을 벌어들이며 수익의 30% 정도를 인센티브로 받아 갑니다. C급 딜러는 2억 이하의 수익을 벌어들이는 딜러들로 각 증권회사의 BEP가 대략 2억 정도로 책정되어 있으므로 짧게는 6개월 안에 길어도 2년 안에 BEP 이상의 수익을 내지 못하면 바로 퇴출당합니다.

대부분의 증권회사 딜러들은 1년 단위 계약직이며 수익을 못 낼 경우 바로 실직으로 이어지는 경우가 다반사이므로 하루하루가 실제로 전쟁을 치르는 마음으로 매매를 합니다.

3

증권회사 딜러들의 포지션 한도는?

각 딜러를 앞에서 언급한 것처럼 4개의 등급으로 나눌 수 있는데 등급에 따라 S급, A급, B급, C급으로 구분되어 집니다. S급 딜러의 포지션 한도는 선물 100개에서 1,000개 정도의 주문을 넣을 수 있으며 옵션은 매수·매도 구분없이 5억 이상의 주문을 넣을 수 있습니다. A급 딜러의 포지션 한도는 선물 30개에서 100개 정도의 주문을 넣을 수 있으며 옵션은 매수·매도 구분없이 2억에서 5억 정도의 주문을 넣을 수 있습니다. B급 딜러의 포지션 한도는 선물 10개에서 30개 정도의 주문을 넣을 수 있으며, 옵션은 매수·매도 구분없이 1억에서 2억 정도의 주문을 넣을 수 있습니다.

C급 딜러의 포지션 한도는 선물 10개 이하의 주문을 넣을 수 있으며 옵션은 매수·매도 구분없이 1억 이하의 주문을 넣을 수 있습니다.

일부의 증권사는 포지션 한도가 없으며 일간 손실한도만 있습니다(사후증거금제도 때문에 가능).

4

증권회사 딜러들의 운용(손실) 한도는?

   각 딜러들의 운용(손실) 한도는 S급이 년간 3억, 월간 2억, 일간 1억 정도로 책정되어 있는 것이 일반적이며 일간한도 1회 위반 시 1주일간 강제로 매매를 할 수 없게 규정되어 있습니다. 또한, 2회 위반 시 1개월 간 매매를 할 수 없는 것으로 되어 있으나 실제적으로는 2회 위반되었을 경우 전기에 수익을 벌어 놓지 못한 경우 대부분 바로 퇴출당합니다.

   A급은 년간 2억, 월간 1억, 일간 5천만 원 정도로 책정되어 있는 것이 일반적이며 B급은 년간 1.5억, 월간 1억, 일간 2천만 원 정도로 책정되어 있습니다.

   C급은 년간 1억, 월간 5천만 원, 일간 500만 원 이하로 책정되어 있는 것이 일반적이며 S급, A급, B급, C급 등 모든 딜러들이 등급에 관계없이 일간한도와 월간한도를 위반했을 경우 거래정지와 퇴출당하는 구조는 동일하다고 보시면 됩니다.

대부분 증권사는 포지션 한도가 없으며, 또한 증권사 대부분이 위와 같은 내부규정을 별도로 만들어서 운영되고 있습니다(일간으로는 수량 제한이 없고 손실한도만 있는 증권사가 대부분입니다).

● 증권회사 딜러들의 매매방법

증권회사의 딜러는 매매 방식에 따라 스켈퍼, 데이트레이더, 포지션트레이더, 프로그램 전문^{알고리즘 매매, 고주파 매매} 딜러로 나눌 수 있으며 다음은 증권회사 딜러들의 성향에 따른 기본운영 내용입니다.

MEMO

5

증권회사 딜러 중 스켈퍼의 매매방법은?

스켈퍼는 보통 하루에 적게는 수십 번에서 많게는 수백 번의 매매를 하며 1틱, 2틱 정도의 수익을 취하는 매매를 합니다. 대부분 증권회사의 20~30대의 젊은 딜러들은 스켈퍼이며 증권사 총수익의 대략 30% 정도를 차지합니다. 주로 이들은 로이터통신이나 블룸버그통신, 체크단말기 등을 이용하여 선물옵션 시장에 영향을 미치는 전 세계의 뉴스를 실시간으로 제일 먼저 얻고 있으며, 이 정보를 이용하여 가장 먼저 시장에 진입하는 투기적 매매자들이라고 할 수 있습니다. 이들은 주로 일본증시, 중국증시의 개장 시간과 점심 휴장 이후의 오후장 시작의 정보를 가장 빨리 이용하여 매매에 임합니다. 이들은 1분 차트의 이동평균선과 거래량, 매매세력의 포지션 등을 분석하여 초단기적으로 진입과 청산을 하며 상승 아니면 하락에 베팅하는 방향매매를 선호합니다. 또한, 거래소에서 제공하는 주식시장의 투자 주체별 포지션 현황을 최대한 활용하여 초단기 매매를 합니다. 각 증권사에서 제공하는 투자 주체별 포지션 정보는 30초마다 ― 각 2~3초와 32~33초 ― 업데이트되는데 이 포지션이 노출되는 30초 안에 진입과 청산을 모두 끝내는 것을 원칙으로 하는 딜러들이 대부분입니다. 이 젊은 딜러들의 취미는 주로 스타크래프트, 리니지 등 오락게임을 좋아하며 선물옵션 매매 역시 게임으로 생각하며 트레이딩을 합니다. 일부지만, 어떤 증권

사는 딜러를 게이머 출신으로 채용하는 경우도 있으며 스켈핑을 하는
딜러들은 대략 전체 딜러의 50% 정도를 차지합니다.

MEMO

::::

6

증권회사 딜러 중 데이트레이더와
포지션트레이더의 매매방법은?

데이트레이더는 보통 하루에 10회 내외의 단기 변곡점 매매를 선호하며 20틱 정도의 이익을 목표로 합니다. 대부분 증권회사의 30대 중후반의 딜러들로 증권사 총수익의 약 25% 정도를 차지합니다. 주로 이들도 로이터통신이나 블룸버그통신, 체크단말기 등을 이용하여 매매하며 5분, 15분, 30분 차트의 기술적 지표들을 활용하여 양매도, 비율 스프레드, 백 스프레드 등 이외의 기타 전략적 합성매매로 트레이딩을 합니다. 전체 딜러의 약 35% 정도를 차지합니다.

포지션트레이더는 보통 며칠씩 포지션을 청산하지 않고 가져가는 중기추세의 매매를 선호하며 보통 선물 기준으로 5포인트 이상의 수익을 목표로 합니다. 주로 팀 단위로 포지션을 운영하며 30분, 60분, 일봉차트의 기술적 지표들을 활용하여 양매수와 양매도의 결합 형태인 시걸전략과 불 스프레드 및 베어 스프레드를 동시에 구사하는 합성 스프레드, 버터플라이 등의 합성매매로 트레이딩을 합니다. 매일매일 레깅을 통해 리스크를 관리하며 전체 딜러의 약 10% 정도를 차지합니다.

7

알고리즘 매매 또는 고주파 매매를
하는 트레이더의 매매방법은?

프로그램매매를 하는 트레이더는 보통 전산에 의한 자동매매로 스켈퍼보다 포지션 한도가 크며 매매 횟수도 많게는 수십 배에서 수백 배 이상의 진입과 청산을 하는 초단기 매매를 합니다. 거래량을 보면 하루 100만 번 이상의 매매를 기계가 로직에 의해 자동으로 매매합니다.

요즘 시장에서 회자되고 있는 알고리즘 매매나 고주파 매매의 대부분이 이들의 매매 로직에 의한 거래라고 생각하면 됩니다. 이들 대부분은 프로그래머 출신이거나 초기 증권 거래소의 전산 프로그램 개발에 참여했던 인력들로 전체 딜러들의 약 5% 정도에 해당되며 전 증권사 수익의 40% 정도를 차지하고 있습니다. 이들의 매매기법은 퓨처팔로윙 기법,선물 자동 따라 하기 비율 스프레드를 세트 매매하거나 백 스프레드를 전산 로직에 의해 자동으로 매수, 매도하도록 기계가 세팅되어 있습니다.컴퓨터가 고평가된 것은 매도하고 저평가된 것은 매수하도록 세팅됨. 변동성에 따라 옵션매수 매도가 자동으로 거래되므로 옵션의 최소단위인 0.01(천 원)이 아닌 순간매매로 평균 10~100원의 이익 실현에 의한 청산과 손절매가 자동으로 매매됩니다.(자동매매에 의한 체결률은 보통 20~30%이며 미

체결수량은 체결과 동시에 취소되며, 체결된 주문은 체결과 동시에 1호가 앞에 자동으로 주문됩니다. ―이러한 매매가 하루에 최소 1백만 번 이상 매매되도록 로직화되어 있습니다).

이러한 딜러들의 매매용 전산은 최고의 속도와 처리량을 자랑하는 대용량의 컴퓨터들로써 일반투자자가 1개의 컴퓨터로 선물, 콜옵션, 풋옵션, 주식, 뉴스 등 기타 여러 가지를 처리한다면 이들의 컴퓨터구성은 선물매수전용, 선물매도전용, 콜 매수전용, 콜 매도전용, 풋 매수전용, 풋 매도전용 등 전산장애에 따른 속도 저하 및 기타 발생할 수 있는 위험을 사전에 제거하고 운용됩니다. 그리고 매매에 있어 일반투자자들보다 유리한 시스템적 구조로 운용되는데 일반투자자들은 매매 시 투자자들의 컴퓨터→통신사→증권사 서버→증권 거래소 전산 등의 4단계 구조나 이들의 매매구조는 딜러의 컴퓨터에서 증권 거래소 전산에 바로 연결됩니다.

증권사 딜러들은 절대 이길 수가 없다는 게 선물옵션시장의 현실입니다.

8
증권회사 딜러들과의 증거금 비교

개인투자자들은 일반적으로 온라인과 오프라인으로 매매가 이루어
지는데 온라인거래는 투자자들이 집이나 PC방, 기타 사무실 등에서 인
터넷으로 직접 매매를 하는 것을 말하며 오프라인 거래는 증권사 직원
에 의하거나, 콜센타 직원에게 주문을 내는 매매를 말합니다.

선물옵션거래에 있어서 증거금은 개시증거금, 유지증거금, 추가증거
금 등으로 다음 PART의 내용을 참고하시기 바랍니다. 선물증거금은
일반적으로 1개 매매 시 선물지수 × 500,000원 × 15%이며 옵션증거금
은 매수 시에는 매수한 금액을 증거금으로 납부하고 매도 시에는 거래
소 기준으로는 (이론상한가 − 전일종가) × 100,000원으로 하는 것이
일반적입니다.

그러나 대부분 증권사가 편향증거금이라는 제도를 운용하여 개인
투자자들에게 옵션매도의 수량을 제한하는데 이는 매수와 매도 시 서
로 헤지가 되어 포지션 한도를 증가 시킨 후 매수 부분을 청산하여 매
도의 수량이 극대화되었을 때 적은 지수의 움직임으로도 커다란 손실
이 가능하여 개인투자자가 깡통이 발생할 수 있습니다. 이것을 예방하
기 위해 옵션매도에 있어서는 대부분 증권사가 편향증거금제도를 운
용합니다.

증권사 딜러와 기관, 외국인 등은 사후증거금제도에 의해 증거금에 구애를 받지 않고 매매를 할 수 있습니다.

MEMO

9

증권회사 딜러들과의 수수료 비교

수수료는 크게 오프라인수수료와 온라인수수료로 구분할 수 있는데, 오프라인수수료는 관리자 또는 콜센터, 기타 증권사직원에 의한 주문으로서 수수료율은 증권사 대부분이 대동소이합니다.

선물은 1억당 50,000원의 비용이 지출되며 옵션은 1억당 1,500,000원의 비용이 일반적으로 지출됩니다.

온라인수수료는 대형사와 온라인 전용사 및 중소형사에 따라 수수료 차이가 많이 납니다. 대형사는 대부분 선물 1억당 10,000원 정도이며 옵션은 1억당 400,000원 정도의 비용을 받고 있습니다. 중소형사와 온라인 전용사 등은 선물 1억당 2,000원, 옵션 1억당 150,000원 정도의 수수료를 받고 있습니다.

증권회사를 포함한 기관 및 외국인은 선물 1억당 440.4원과 옵션 1억당 13,338원의 증권 유관기관 부담금만 지출하고 있습니다.^{협의 수수료에 따라 가능.}

개인들이 오프라인으로 매매했을 때와 대형사 그리고 가장 저렴한 증권사의 온라인 수수료, 기관 및 외국인과 수수료를 비교해보면 다음과 같습니다.

구 분	선 물	옵 션
오프라인 수수료	0.05%	1.5%
대형사 온라인	0.01%	0.4%
중소형·온라인 증권사	0.002%	0.15%
증권회사(기관)·외국인	0.00044044%	0.013338%

온라인선물은 중소형사 4.54배, 대형사 22.7배 오프라인선물은 113.5배

온라인옵션은 중소형사 11.25배, 대형사 30배 오프라인옵션은 112.46배

MEMO

10

증권회사 딜러들의 매매 시 장단점

증권회사 딜러들이 우리나라 시장에서 이길 수밖에 없는 이유는 다음과 같습니다.

●**매매 시 증거금이 없습니다** 사후 증거금제도에 의해 만기 마감 후 손익에 따라 자동정산되므로 개인투자자보다 유리합니다.

●**매매비용이 적습니다** 개인투자자가 매매를 한번 할 때 증권회사 딜러들은 많게는 선물 113.5번, 옵션 112.46번 적게는 선물 4.54번, 옵션 11.25번 거래할 수 있습니다.

●**전산속도가 무척 빠르다** 개인투자자가 4단계를 거쳐 매매할 때 증권회사 딜러들은 다이렉트로 거래되며 컴퓨터 용량 및 속도에 있어서 비교가 안될 정도로 크고 빠릅니다.

●**정보** 로이터, 블룸버그, 체크 등**가 월등하다** 월간 4~5백만 원의 비용을 내고 정보를 개인투자자보다 빨리 얻습니다.

단점으로는 대부분 딜러가 포지션을 오버나잇 할 수 없는 것입니다. 그러나 오히려 당일 청산원칙이 매매에 있어서 유리할 수 있습니다(매매는 매일 열리므로 한번 매매실수를 해도 다음번을 기약할 수 있습니다).

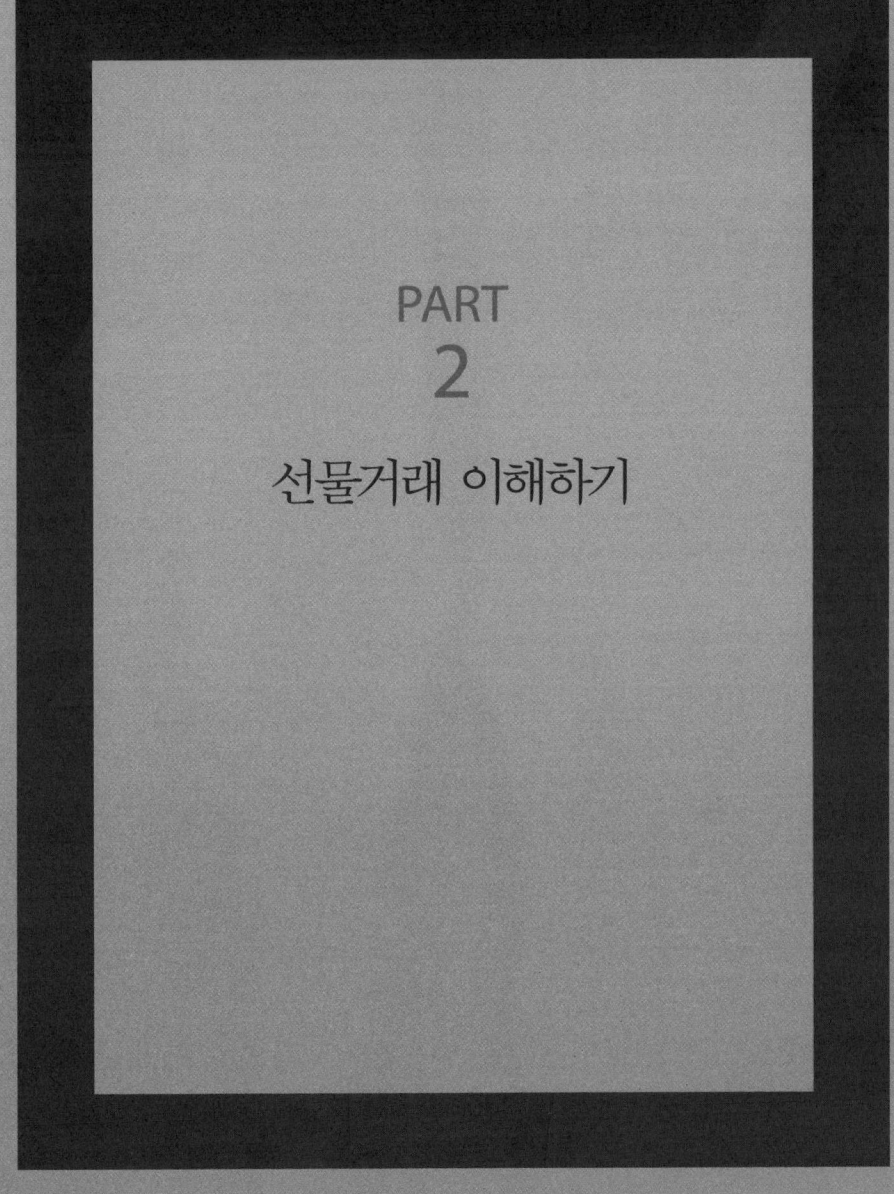

PART 2

선물거래 이해하기

본문의 내용은 선물거래에 대한 기본적인 이론에 관한 내용입니다. KOSPI200 선물거래를 하시기 전에 최소한 본문의 내용은 이해하시고 매매하시기 바랍니다. 기본이 준비되지 않은 투자자가 지수선물 시장에서 살아남기란 확률적으로 '0'에 수렴하며 결국은 깡통으로 마감하는 악순환이 지속될 뿐입니다. 특히, 일일정산의 개념과 증거금의 개념은 꼭 숙지하시기 바라며 선물거래에 있어서 가장 중요한 부분은 증거금관리입니다.

KOSPI200
선물옵션 트레이딩 바이블

11

선물거래란 무엇일까요?

농부가 있었습니다.

배추를 팔려고 시장에 나갔습니다.

김장을 하기 위해 한 아주머니가 값을 내고 배추를 샀습니다. 이러한 일반적인 거래형태는 매매계약의 성립과 동시에 대상물의 인도와 대금결제가 이루어지는 현물거래입니다.

배추농사를 지은 농부가 3개월 후인 수확기에 배추 값이 떨어질 것 같아 고민입니다. 그래서 지금 미리 배추를 1포기당 1,000원씩 3개월 후 팔기로 계약을 했습니다.

이와 같이 선물거래는 매매계약시점과 대상물의 인도 및 대금결제의 시점이 다른 거래입니다. 매매계약은 현재 시점에서 이루어지고 매매계약대상물의 인도와 대금결제는 미래의 약속된 일정시점에 이루어지는 거래를 바로 선물거래라 합니다.

미래의 약속된 시점에 수도계약이 이루어진다는 점에서 선도거래가 유사한 형태를 띠고 있습니다. 하지만, 선도거래는 개인적인 필요에 따라 개인 간에 이루어지는 사적인 계약인 반면, 선물거래는 미래의 일정시점에 수량, 규격, 품질 등이 표준화되어 있는 특정대상물을 계약 체결 시 정한 가격으로 인·수도하기로 약속하는 거래로서, 거래소에서 정한 일정한 제도에 의해 이루어지는 기성복과 같은 거래입니다.

12

선물거래의 대상 및 종류는 어떤 것들이 있을까요?

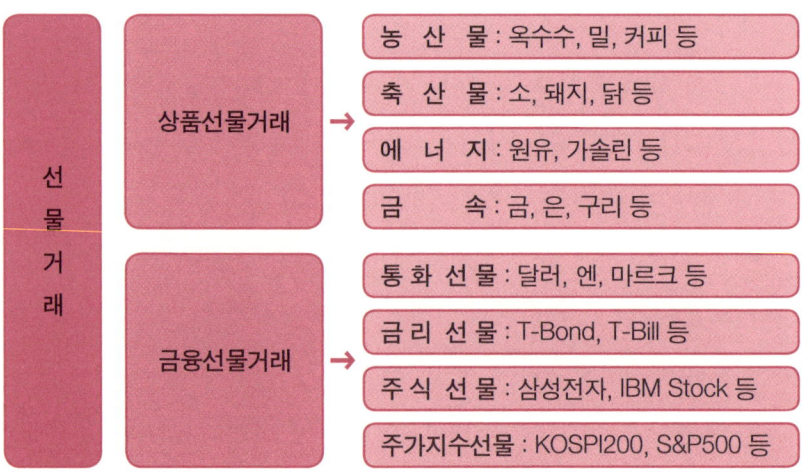

선물거래의 대상은 농산물, 축산물, 에너지, 금속 등의 실물상품과 통화, 금리, 주식, 주가지수 등의 금융상품이 있습니다.

실물상품을 대상으로 하는 선물거래를 상품선물거래라 하고 금융상품을 대상으로 하는 선물거래를 금융선물거래라 합니다.

13
주가지수 선물거래란?

●**주가지수선물거래의 개념**　앞에서 살펴본 바와 같이 주가지수선물거래는 금융선물거래의 한 종류입니다. 즉, 실제로 존재하는 농산물, 금속, 통화, 채권, 주식 등을 대상으로 하는 여타 선물거래와 달리 주가지수선물거래는 주식시장 전체의 주가수준을 나타내는 주가지수를 매매 대상으로 하는 선물거래를 말합니다.

●**다른 선물거래와의 차이점**　주가지수는 주식집단의 가격수준을 나타내는 수치일 뿐 실물이 없는 추상물이므로 실물이 존재하는 현물(ex.배추)의 인도가 불가능하기 때문에 주가지수 선물거래는 다른 선물거래와 달리 최종 결제 시에 현금결제CASH SETTLEMENT 되는 특징이 있습니다.

KOSPI가 우리나라 주식시장 전체의 주가수준을 나타내는 지수라는 것은 대부분 잘 알고 계실 겁니다. 주가지수선물거래의 매매대상지수로서 우리나라는 거래소의 우량한 200개 기업을 선정했고 KOSPI200 현물지수를 기준으로 3월 물, 6월 물, 9월 물, 12월 물 네 종목이 거래됩니다.

14

주가지수 선물거래는 왜 할까요?

점점 주식투자가 대중화됨에 따라 주식시장의 규모가 확대되고 이와 더불어 주식시장의 가격변동 또한 심화되고 있습니다. 주가지수선물거래의 기능을 몇 가지로 요약해 보면,

●**가격변동위험의 헤지**Hedge   주가지수선물거래를 통해 보유하고 있는 현물과 반대방향의 포지션을 취함으로써 가격변동위험을 회피할 수 있습니다.

●**현물시장의 유동성 확대 및 가격안정화**   주가지수선물거래는 위와 같이 현물의 가격변동에 대해 방패와 같은 역할을 하기 때문에 투자자들은 더욱 안심하고 활발히 투자를 할 수 있게 됩니다. 그리고 선물시장과 현물시장의 가격 괴리를 이용해 차익을 남기고자 하는 차익거래로 현물시장만 존재하는 경우보다 시장이 안정될 수 있습니다.

●**다른 선물거래와의 차이점**   KOSPI가 우리나라 주식시장 전체의 주가수준을 나타내는 지수라는 것은 잘 알고 계실 겁니다. 주가지수선물거래의 매매대상지수로서 우리나라는 거래소에서 거래되는 종목 중 200개 기업을 선정했고, KOSPI200 현물지수를 기준으로 3월 물, 6월

물, 9월 물, 12월물 네 종목이 거래됩니다.

●**새로운 투자수단 제공** 주가지수선물거래는 현물주식거래보다 상
대적으로 적은 자금_{거래금액의 10~15%에 해당하는 증거금}으로 큰 규모의 거래를 할
수 있는 장점이 있습니다.

MEMO

15

주가지수 선물의 가격은
어떻게 결정될까요?

●**주가지수선물의 시장 가격**

주가지수선물도 주식과 마찬가지로 시장에서 매수자와 매도자 간에 이루어지는 수급상황에 따라 가격이 결정됩니다.

●**주가지수선물의 이론 가격** 주가지수선물에 대한 투자는 실질적으로 투자대상이 주식과 동일하며 이론적으로 선물의 만기일에는 선물과 주식의 가격이 같아지므로 주식과 선물에 투자한 결과는 만기일에 동일해야 합니다.

따라서 이러한 결과를 고려하면 대상주가지수에 현재 주식을 매입하여 선물의 만기일까지 보유하는 데 드는 순보유비용을 더한 것이 주가지수선물의 이론가격이 됩니다. 이때 순보유비용을 금융비용^{주가지수를 구성하는 주식을 선물의 만기까지 보유하는 데 필요한 이자비용}에서 배당수입^{주식보유 기간의 배당수입}을 차감하여 준 비용을 의미합니다.

주가지수선물의 이론가격 = 주식가격 + 금융비용 − 배당수입

16
주가지수 선물시장의 구조는?

●**거래소(결제기관)** 거래소는 거래할 선물계약을 상장시키고 거래자들의 주문에 따라 거래를 체결시키는 조직화된 시장입니다. 거래소는 이외에 시장정보를 제공하거나 매매규칙 등을 제정하여 건전한 선물거래가 이루어지도록 하는 기능도 수행합니다. 선물거래는 당사자끼리가 아닌 제3자인 신용 있는 기관이 각 거래자의 상대방이 되어 결제를 하게 됩니다. 이러한 기관을 결제기관 또는 청산소라 하며, KOSPI200 주가지수 선물거래는 거래소가 결제기관으로서의 역할을 수행합니다.

●**회원사(증권회사)** 회원사는 고객에게 선물거래에 대하여 조언하고, 고객의 주문을 거래소에 전달하며 증거금 등 예탁자산의 관리를 담당하는 중개기관(증권회사)으로서 중개업무의 대가로 수수료를 징수합니다. 증권회사는 이러한 고객에 대한 중개업무와 결제회원으로서 결제업무를 대행합니다.

17

주가지수 선물거래의 매매절차는?

● 선물거래 계좌를 만들려면?

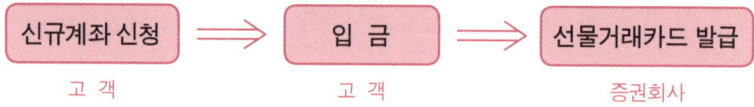

신규계좌 신청	⇒	입 금	⇒	선물거래카드 발급
고 객		고 객		증권회사

● 선물거래의 결제절차는?

● 선물거래 흐름도

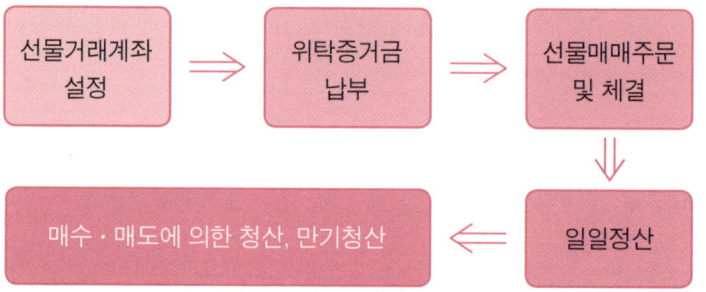

18

작은 투자로 큰 기쁨을 얻을 수 있는 선물거래

● 증거금은 어떤 것들이 있나요?

선물 거래 시 거래를 실행하기 위한 약속, 즉 보증금의 성격으로 어느 정도의 금액을 증권회사에 예탁해야 하는데 이것이 바로 증거금입니다. 고객이 증권회사에 선물거래를 실행하기 위해 예탁하는 증거금을 위탁증거금이라 하고, 위탁증거금은 개시증거금과 유지증거금으로 나누어 생각해 볼 수 있습니다.

개시증거금 15% 〉 유지증거금 10%

● 개시증거금이란?

개시증거금이란 고객이 새로운 선물계약을 체결하고자 할 때 내야 하는 증거금으로서 약정금액의 15%를 회원인 증권회사에 예탁하여야 합니다. 이때 고객은 15%의 개시증거금 중 1/3인 5%를 반드시 현금으로 납부하여야 하며 나머지 10%는 자신이 보유한 현물^{유가증권}로 대납할 수 있습니다. 특히, KOSPI200 선물거래제도에서는 신규로 계좌를 개설하고 주문을 낼 경우에는 최소 예탁총액을 1,500만 원으로 규정하고 있습니다.

●유지증거금이란?

유지증거금이란 고객이 선물계약을 보유하고 있는 경우 유지하여야 하는 증거금의 최소한도를 말합니다. 고객은 약정금액의 10% 이상을 증거금으로 항상 유지하여야 하며, 만약 일일 정산 결과 손실이 발생하여 증거금이 유지증거금 미만으로 하락하게 되면 증권회사는 고객에게 개시 증거금 수준까지 증거금을 추가로 납부하도록 요구하게 됩니다.

MEMO

19

주가지수 선물매매 주문은 어떻게 할까요?

선물주문을 내기 위해서는 어떤 선물의 종목을 얼마에 몇 계약이나 사거나 팔 것인가에 대한 내용을 전화 또는 주문표로서 표명하거나 직접 인터넷으로 주문을 하여야 합니다.

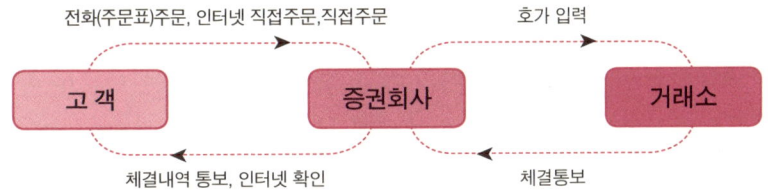

전화(주문표)주문, 인터넷 직접주문,직접주문   호가 입력

고 객   증권회사   거래소

체결내역 통보, 인터넷 확인   체결통보

● **매매 주문사항** 앞에서 설명한 바와 같이 주가지수 선물거래의 매매대상은 실재하지 않는 추상적인 지수입니다. 선물거래는 대상지수 그 자체를 매매하는 것이 아니라 그 대상지수의 각 결제월물(청산월물)을 매매하는 것입니다. 따라서 주문을 내기 위해서는 매매하고자 하시는 결제월물에 대해 주문을 내야 합니다.

● **결제월 및 최장거래기간** 거래되는 KOSPI200 주가지수선물의 결제월은 3,6,9,12월로 하며 각 결제월의 최장거래기간은 1년입니다. 따라서 동시에 상장되어 거래되는 선물의 종목 수는 4가지입니다.

20

선물시장 어떻게 운영될까요?

●최종거래일 및 거래개시일

주가지수선물거래의 최종거래일은 각 결제 월의 두 번째 목요일(공휴일인 경우 차례로 앞당김)이며, 거래개시일은 최종거래일 익일(공휴일인 경우 순연)입니다.

주가지수선물거래가 실재하지 않는 추상적인 매매대상을 거래하는 것인 만큼 거래자 사이에 거래 결과로서 실질적으로 주고받는 것으로 주가지수 선물가격에 일정한 금액을 곱하여 추상적인 수치에 가치를 부여하고 거래할 수 있도록 하였습니다. 우리나라의 주가지수선물거래에서는 KOSPI200지수에 50만 원을 곱한 값을 1계약의 거래단위로 정하였습니다.

따라서 만약 KOSPI200 선물의 가격이 260포인트라면 주가지수선물 1계약을 금액으로 환산한 가치는 260 × 500,000 = 130,000,000원이 되는 셈입니다.

KOSPI200 선물가격 × 500,000원

21

일일 정산은 무엇일까요?

● 일일 정산이란?

일일정산이란 선물거래에서 시장가격의 변동에 따라 발생하는 손익을 매일매일 증거금에 반영하는 과정을 말합니다.

앞에서 증거금의 정의, 성격 및 종류 등에 대해 살펴보면서 언급했듯이, 일일정산의 결과 선물거래에서 손실이 발생하여 증거금이 유지증거금 미만으로 떨어지는 경우 애초의 개시증거금 수준으로 충당하도록 요구받는 증거금이 추가증거금이 되는 겁니다. 현물주식과 마찬가지로 선물가격도 등락을 거듭하여 변화하므로 계약당사자 중 어느 한쪽은 반드시 손실을 보게 됩니다. 따라서 선물계약의 이행을 보증하기 위하여 납부한 증거금이 손실로 인해 유지증거금 수준 미만으로 줄어들게 되면 보증수단으로서의 기능을 상실하게 될 수 있습니다. 그러므로 선물가격의 변화에 따른 손실을 언제든지 보전해 줄 수 있는 수준으로 증거금이 유지되도록 매일매일의 손익을 증거금에 반영하는 제도적 장치가 바로 일일정산입니다.

개시증거금 〉 유지증거금 〉 추가증거금

22

선물계약의 청산은 어떻게 할까요?

고객은 만기 전 매수·매도에 의하거나 만기 시 최종 결제를 하여 선물계약에 따른 자신의 권리와 의무를 청산할 수 있습니다.

●매수·매도에 의한 청산

고객은 자신이 보유하고 있는 선물계약을 최종거래일 전에 언제든지 기존의 매수계약은 다시 매도하고 기존의 매도계약은 다시 매수하여 보유하고 있는 선물계약을 종결할 수 있습니다. 이때 고객은 기존의 약정가격과 매수 또는 매도한 약정가격과의 차이에 일정액을 곱한 금액을 거래 손익으로 수수하게 됩니다.

●최종 결제

고객이 보유하고 있는 선물계약을 최종거래일까지 매도 또는 매수에 의하여 종결하지 아니한 경우에는 최종거래일에 기존의 약정가격과 최종결제지수^{최종거래일의 최종현물지수}와의 차이에 일정액을 곱한 금액을 수수함으로써 거래를 종결합니다.

23

주가지수 선물거래에서 알아야 할 내용은 무얼까요?

●**가격제한폭** 주식거래와 마찬가지로 KOSPI200 선물거래에서도 일일 가격 변동폭에 상·하한의 제한이 있습니다.

전일 종가를 기준가격으로 하며 기준가격 대비 +10%~-10%

그러므로 전일 종가가 200포인트였다면 금일의 매매 가능한 가격은 180~220포인트 사이입니다.

●**매매시간** 선물시장은 현물시장 마감 후 선물포지션의 조정기회를 부여하기 위해 현물 시간보다 15분을 더 운용합니다. 단, 최종 결제일에는 주식시장 마감 후 10분 동시호가 마감되는 KOSPI200지수로 종료되며 익월물은 정상적으로 15분을 더 운용합니다.

장시간 09:00~15:15, 최종거래일 09:00~14:50

●**매매체결방식** KOSPI200 주가지수 선물거래에서 거래소에 전달된 고객의 주문은 가격 우선, 시간 우선, 수량 우선 등의 정해진 원칙에 따라 매매체결 됩니다.

●**호가단위** 주문가격은 항상 0.05포인트 단위로 사용되어야 합니

다. 그러므로 260.25, 264.15 등으로 호가하여야 하며, 260.21, 264.18 등의 호가는 사용되지 않습니다. 다만, 최종결재일 KOSPI200지수 마감에 따라 260.21, 264.18 등으로 종료될 수 있습니다.

MEMO

24

투자기법 첫 번째, 헤지 거래란?

헤지(Hedge)거래는 왜 할까?

헤지 거래는 일반적으로 선물시장에서 현물 시장과는 반대의 포지션을 취함으로써 가격변동 위험을 회피하고자 하는 거래입니다. 즉, 현물포지션의 손실을 선물포지션의 이익으로 상쇄하고, 반대로 현물포지션의 이익은 선물포지션의 손실로 상쇄되어 위험이 제로가 되도록 하는 거래입니다.

●**매도 헤지** 현물주식 보유자는 보유주식의 가격이 하락하면 손해를 보게 됩니다. 이럴 경우를 대비하여 보유주식과 대응되는 주가지수선물을 매도함으로써 장래 가격하락의 위험으로부터 벗어날 수 있습니다.

●**매수 헤지** 반대로 앞으로 주식을 매입하려고 하는 경우 매입 예정주식의 가격 상승에 따른 손실을 축소하기 위해 매입 예정 주식의 대응이 되는 주가지수선물을 매입함으로써 위험을 회피할 수 있습니다.

25

투자기법 두 번째, 투기거래란?

투기거래란 주식거래와 연계하지 않고 오직 선물 시장에서의 가격 움직임을 이용하여 시세차익을 얻으려는 거래입니다. 주가지수선물을 이용한 투기거래에서는 단지 시장 전체의 방향만을 예측하여 거래할 수 있는 용이성과 저렴한 거래비용, 그리고 낮은 수준의 증거금만으로도 큰 규모의 거래를 할 수 있어서 작은 가격변동에 의해 큰 손익을 얻을 수 있습니다.

포지션 관리형태에 따른 투기거래자 분류

●스켈퍼 Scalper

시장 최소가격의 변동을 이용하여 매매이익을 실현하고자 하는 투기거래자를 말합니다. 거래규모나 빈도에 있어서 대체적으로 큰 규모로 짧게 자주 매매하므로 이들의 거래는 시장유동성을 높이는데 긍정적인 역할을 합니다.

●데이트레이더 Day-trader

포지션을 개장시간 동안에 보유하는 거래자들로서 스켈퍼보다는 포지션을 길게 보유하면서 일중가격 변동을 이용하여 매매차익을 실현하고자 하는 투기거래자를 말합니다.

●포지션트레이더Position-trader

하루 이상 또는 몇 주간 또는 몇 개월 동안에 지속될 장래 시장전
망에 기초한 장기적인 가격 변동에 관심을 갖고 거래하는 투기거래자
를 말합니다.

MEMO

26
투자기법 세 번째, 스프레드 거래란?

스프레드 거래는 동일한 대상물 중 결제월이 다른 종목 또는 대상물은 다르지만, 가격 움직임은 유사한 선물계약 간의 가격차이가 확대 또는 축소될 것을 예상하고, 유사한 선물계약들을 동시에 매매하여 이익을 얻으려는 투자형태를 말합니다. 즉, 스프레드 거래는 개별선물 종목 가격의 상승 또는 하락보다 2개의 선물의 가격 차를 이용한 양방향 거래라 할 수 있는 것입니다.

주가지수선물거래에서 스프레드 거래는 주로 결제월이 다른 종목을 양방향으로 거래하는 시장 내 스프레드를 말합니다.

스프레드 거래

●**시장 내(결제월 간) 스프레드** 동일한 종목을 대상으로 결제월이 다른 두 개의 선물을 매매.

●**종목 간 스프레드** 결제월은 같으나 두 개의 시장에서 서로 다른 두 개의 선물을 매매. ex) 금, 은

●**시장 간 스프레드** 동일한 상품을 서로 다른 거래소에서 매매.

27

투자기법 네 번째, 차익 거래란?

차익거래란 주가지수와 주가지수선물의 가격차이가 비정상적인 경우에 주식과 주가지수선물을 동시에 거래하여 무위험 수익을 얻고자 하는 거래입니다.

●**매수차익거래** 주가지수선물의 실제가격이 이론가격보다 높게 형성된 경우 고평가된 선물은 매도하고 저평가되어 있는 주식은 매수하는 거래.

●**매도차익거래** 주가지수선물의 실제가격이 이론가격보다 낮게 형성된 경우 저평가된 선물은 매수하고 고평가되어 있는 주식은 매도하는 거래.

이론선물가격에 거래비용 등을 고려하면 실제로는 이론가격을 중심으로 일정한 범위에서는 이익 실현이 불가능하며 이러한 차익거래를 불가범위라 볼 수 있습니다. 이러한 차익거래는 시장에서 현물과 선물 간에 나타나는 BASIS가 적정수준으로 유지될 수 있도록 해주며, 선물의 본연의 기능이라고 할 수 있는 가격 변동위험에 대한 헤지 효과를 증대시키는 역할을 합니다.

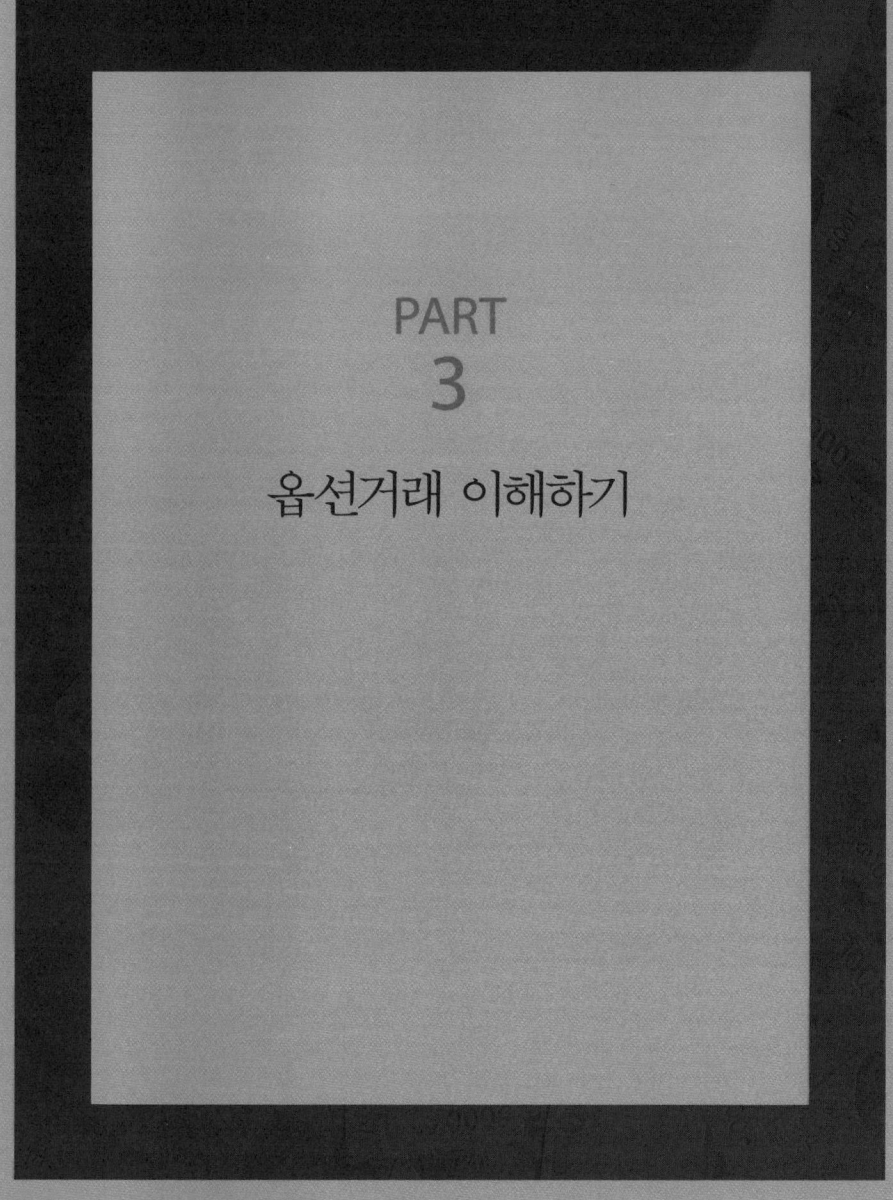

PART
3

옵션거래 이해하기

본문의 내용은 옵션거래에 대한 기본적인 이론에 관한 내용입니다. KOSPI200 옵션거래를 하시기 전에
최소한 본문의 내용은 이해하시고 매매하시기 바랍니다. 선물거래와 마찬가지로 옵션거래 역시 기본이
갖추어지지 않은 투자자가 옵션 시장에서 살아남기란 확률적으로 제로이며 결국은 깡통으로 마감하는
악순환만이 지속될 뿐입니다. 그리고 옵션거래는 선물거래와 달리 이론적인 부분을 반드시 숙지하시고
매매하시기 바랍니다.

KOSPI200
선물옵션 트레이딩 바이블

28

옵션이 뭘까요?

일상생활 속에서 일어나는 일들을 곰곰이 생각해 보면 옵션거래와 아주 유사한 경우를 적지 않게 발견할 수 있습니다.

한 예로 화재보험을 들었을 경우를 생각해 봅시다. 보험금이 일정액씩 납부되고 사고가 났을 경우 보험가입자는 보험회사로부터 사고 피해를 최대한 줄일 수 있도록 보상을 받습니다. 보험가입자는 화재가 날 경우를 대비해 보험료를 보험회사에 내게 되는데, 만약 화재가 나지 않는다면 이미 납부한 보험료는 소용이 없게 되지만 불행히 화재가 발생했을 시에는 사고의 경중에 맞추어 보상을 받게 됩니다. 이때 화재가 크면 클수록 보상금액도 커지게 됩니다. 이와 같이 일정금액을 내고 보상을 받는 시스템이 옵션과 유사한 형태를 갖추었습니다.

일반적으로 파생금융상품이라고 하면 먼저 '어렵다'는 생각부터 하는 경향이 있는데, 먼저 출발한 주가지수 선물시장에서 개인들의 활약이 두드러진 것에서 알 수 있듯이 조금만 관심을 가지고 접근해 보면 그 출발은 아주 쉬운 개념에서 시작되었고 따라서 재테크의 유용한 활용수단이 될 수 있다는 것을 알 수 있을 겁니다.

29

옵션거래의 개념 알기

옵션이란 말은 본래 자유로운 선택이라는 의미로 사용되었습니다. 상거래 용어로 등장하면서부터 자유로운 선택이라는 넓은 의미를 떠나 한정된 의미로 쓰이고 있습니다.

    화재보험의 예에서 살펴봤듯이 어떤 시점에 가서 자신이 처한 상황에 따라 미리 약속한 거래에 대한 혜택을 선택할 수 있는 것이 옵션입니다. 즉, 옵션이란 상품이나 유가증권 등의 기본자산을 미리 정한 가격으로 일정시점에 가서 사거나(콜옵션) 팔아서(풋옵션) 이익을 향유할 수 있는 권리를 말합니다. 선물거래는 미래에 상품가격이 상승할 것으로 예상되면 미리 사고, 하락할 것으로 예상되면 미리 파는 거래입니다. 옵션거래는 가격이 상승할 것으로 예상되면 미래시점에서 살 수 있는 권리를, 하락할 것으로 예상되면 팔 수 있는 권리를 사고파는 거래입니다. 상승할 것으로 예상해서 미리 정한 가격에 살 권리콜옵션를 사두었는데 미래 약속한 시점에 가서 상품의 시장가격이 상승하지 않았다면 살 권리를 포기하면 됩니다. 그리고 하락할 것으로 예상해서 미리 정한 가격에 팔 권리풋옵션를 사두었는데 미래시점에 가서 시장가격이 하락하지 않았다면 팔 권리를 포기하면 되는 겁니다. 반대로 상승을 예상해서 미리 살 권리를 사두었는데 예상대로 가격이 상승했다면 권리를 행사하여 이익을 실현하면 되고, 하락을 예상해서 미리 팔 권리를 사두었는데 예상이 맞았다면 팔 권리를 행사하여 그 하락폭만큼의 이익을 취하면 되는 것입니다.

MEMO

30

기본자산에 대해 알아볼까요?

모든 거래에는 대상물이 있습니다. 마트에서는 과자라는 기본자산을 가격만큼 지급하고 사게 되는 것이고, 주식시장에서는 유가증권이라는 기본자산을 대상으로 매매가 이루어집니다. 이처럼 거래 시에 사거나 팔기로 정한 특정자산을 기본자산이라 합니다.

이미 세계 20여 개국에서 옵션거래를 도입, 활발한 거래가 이루어지고 있습니다. 우리나라에서는 97년에 처음으로 주가지수옵션이라는 옵션거래를 도입하였습니다. 주가지수옵션의 기본자산은 주가지수가 됩니다.

우리나라는 선물거래의 기준지수인 KOSPI200을 주가지수 옵션거래의 기본자산으로 정하였습니다.

옵션계약은 기본자산의 종류에 따라 여러 가지로 분류되는데, 기본자산에 따라 통화옵션, 금리옵션, 주식옵션 등으로 불립니다. 옵션거래는 현물뿐 아니라 선물을 기본자산으로 할 수 있으며, 곡물, 금, 은 등과 같은 비금융상품을 기본자산으로 하는 옵션거래도 이루어지고 있습니다.

31
콜옵션 & 풋옵션의 정의

기본자산의 종류에 따라 옵션을 구분하는 것 외에 옵션을 매수함으로써 가질 수 있는 권리가 살 권리인가 팔 권리인가에 따라 콜옵션과 풋옵션으로 구분됩니다.

특정의 기본자산을 사전에 정한 가격으로 지정된 날짜 또는 그 이전에 매수할 수 있는 권리가 콜옵션입니다. 콜옵션매수자는 매도자에게 옵션가격인 프리미엄을 지급하는 대신 기본 자산을 살 수 있는 권리를 소유하게 되고, 매도자는 프리미엄을 받는 대신 콜옵션 매수자가 기본자산을 매수하겠다는 권리행사를 할 경우 그 기본 자산을 미리 정한 가격에 팔아야 할 의무를 지게 됩니다.

콜옵션과는 반대로 특정의 기본자산을 사전에 정한 가격으로 지정된 날짜 또는 그 이전에 매도할 수 있는 권리가 풋옵션입니다. 풋옵션 매수자는 매도자에게 사전에 정한 가격으로 일정시점에 기본자산을 매도할 권리를 소유하게 되는 대가로 옵션가격인 프리미엄을 지불하게 됩니다. 그리고 풋옵션매도자는 프리미엄을 받는 대신 풋옵션매수자가 기본자산을 팔겠다는 권리행사를 할 경우 그 기본자산을 미리 정한 가격에 사줘야 할 의무를 지게 됩니다.

32
프리미엄과 행사가격의 정의

옵션거래를 할 때 옵션매수자가 옵션매도자에게 옵션의 값으로 지불하는 것이 프리미엄입니다. 즉, 기본자산을 매수하거나 매도할 수 있는 권리의 대가로 옵션매수자가 옵션매도자에게 지급하는 금액을 말합니다.

행사가격이란 사거나 팔기로 미리 정한 가격을 말합니다. 콜옵션의 경우는 옵션매수자가 기본자산을 매수하기로 약정한 가격, 풋옵션의 경우는 옵션매수자가 매도하기로 약정한 가격이 행사가격입니다.

어떤 종류의 거래이건 각각의 대상물에 대한 각각의 가격이 있듯이 옵션에서도 각각의 행사가격에 대한 각각의 프리미엄이 있게 됩니다. 예를 들어 삼성전자 주식을 기본자산으로 하는 콜옵션이 있다면 삼성전자 주식을 100만 원에 살 수 있는 권리와 110만 원에 살 수 있는 권리는 엄연히 차이가 있으므로 서로 다른 프리미엄을 갖게 됩니다. 이때 110만 원에 사는 것보다 100만 원에 사는 것이 이익을 남길 확률이 크므로 행사가격 100만 원의 삼성전자 콜옵션이 더 큰 프리미엄을 갖게 됩니다. 반대로 삼성전자 풋옵션의 경우라면 100만 원에 매도하는 것보다 110만 원에 매도하는 것이 유리합니다. 따라서 삼성전자 풋옵션 거래에서 110만 원에 팔 권리를 사는 사람이 100만 원에 팔 권리를 사는 사람보다 더 비싼 프리미엄을 지급하게 됩니다.

33
권리행사

대부분의 거래는 거래와 동시에 매수자가 대상물을 소유하게 됩니다.
옵션거래에서는 거래가 이루어진 후 옵션매수자가 권리행사를 해야 대상물
의 인도가 이루어집니다.

옵션매수자는 옵션의 행사가 자기에게 이익을 가져다줄 수 있을 때
만기일 이전 또는 만기일에 권리를 행사하여 기본자산을 매수^{콜옵션 매수}
자하거나 매도^{풋옵션 매수자}할 권리가 있습니다. 그리고 옵션매도자는 매수
자가 권리를 행사할 경우 미리 정한 행사가격으로 기본자산을 팔거나
^{콜옵션 매도자} 사야 할^{풋옵션 매도자} 의무가 있습니다.

옵션만기일에 행사가격이 기본자산의 시장가격보다 낮을 경우 콜
옵션 매수자는 권리를 행사하여 이익을 보고 매도자는 손실을 보게
됩니다. 반대로 풋옵션매수자는 행사가격이 기본자산의 시장가격보다
높을 경우 권리를 행사하여 행사가격과 시장가격의 차이만큼 이익을
보게 되고 매도자는 그만큼의 손실을 보게 됩니다.

34
권리행사의 포기

옵션거래가 이루어진 시점에서 옵션매수자는 매수 또는 매도할 권리만을 산 것이기 때문에 만기일에 가서 자신에게 유리할 경우에는 권리행사를 그렇지 못할 경우에는 권리행사 포기를 할 수 있습니다.

옵션만기일까지 옵션매수자는 권리를 행사하지 않을 수도 있습니다. 콜옵션 의 경우 기본자산의 시장가격이 행사가격보다 낮을 때 콜옵션 매수자는 권리를 포기하게 되고 옵션거래 시 매도자에게 지급한 프리미엄만큼만 손해를 보게 됩니다. 그리고 콜옵션 매도자는 매수자가 권리를 포기함과 동시에 팔 의무가 소멸되고 프리미엄만큼 이익을 보게 되는 겁니다. 옵션매수자는 시장 상황에 따라 자유롭게 권리를 행사하기도, 포기하기도 할 수 있으며 최대손실 폭은 프리미엄에 한정됩니다.

35
권리행사의 시기

옵션의 권리행사를 언제 할 수 있는가에 따라 미국형 옵션과 유럽형 옵션으로 구분됩니다. 우리나라는 주가지수옵션을 만기일에만 권리행사가 가능한 유럽형 옵션을 채택하였습니다.

주식옵션의 경우에는 배당락 직전에 배당수입확보를 목적으로 만기일 이전에 주식을 사거나 파는 권리행사를 하는 경우가 있으나 주가지수옵션은 배당금을 실제로 받을 수 없고 주가지수가 다수 종목으로 구성되어 있어서 배당락의 영향이 상대적으로 적어 만기일 전 권리행사가 빈번하지 않습니다. 그리고 유럽형 옵션은 미국형 옵션에 비해 가격결정과정이 단순하고 비교적 쉬워 일반투자자도 쉽게 이해할 수 있다는 장점이 있습니다.

예로 2010년 12월물 옵션을 매수했다고 할 때, 미국형 옵션이라면 만기일 이전에 언제든지 권리행사를 할 수 있겠지만, 유럽형 옵션은 만기일(우리나라는 매달 두 번째 목요일임)에만 권리행사를 할 수 있게 됩니다. 다만, 유럽형 옵션도 매매수익^{프리미엄수익}에 따라 만기일 이전에 언제든지 사거나 팔 수 있습니다.

36
콜옵션의 손익구조

콜옵션을 매입할 경우 만기일에 기본자산의 시장가격이 미리 정한 행사가격보다 높으면 옵션을 행사함으로써 그 차액만큼의 이익을 볼 수 있습니다.

콜옵션을 살 때 콜옵션 매도자에게 매입가격, 즉 프리미엄을 이미 지불한 상태이기 때문에 행사할 권리가 생기는 것이며 차액만큼의 이익을 얻을 수 있는 것입니다. 반면 만기일에 시장가격이 행사가격보다 낮을 경우 콜옵션매수자는 직접 시장가격으로 기본자산을 사는 것이 더 유리하므로 옵션행사를 포기하게 됩니다.

콜옵션 행사 시 실제이익 = (시장가격 − 행사가격) − 프리미엄

시장가격이 행사가격을 초과하는 영역이 콜 매수자에게는 권리행사 영역이 되고 콜 매도자에게는 의무이행영역이 됩니다. 콜옵션 매수자에게는 시장가격이 상승할 경우 이익은 무한대가 되지만 하락할 경우 콜옵션 권리행사를 포기함으로써 프리미엄만큼 한정된 손실만 보게 됩니다. 콜옵션 매도자는 매수자와 대칭적인 손익구조를 갖게 되며 시장가격이 하락할 경우 프리미엄만큼의 이익이 확보되지만 상승할 경우는 손실이 무한대가 됩니다.

그러므로 콜옵션의 매도는 향후 시장가격의 약세가 예상될 때 이용되는 투자전략이며, 콜옵션의 매수는 시장가격이 앞으로 상승할 것으로 예상될 때 이용되는 투자전략입니다.

MEMO

37
풋옵션의 손익구조

옵션은 기본자산의 시장가격과 행사가격에 따라 ITM(In-The-Money, 내가격), ATM(At-The-Money, 등가격), OTM(Out-of-The-Money, 외가격) 옵션으로 구분됩니다.

풋옵션을 살 때 풋옵션 매도자에게 매입가격, 즉 프리미엄을 이미 지급한 상태이기 때문에 행사할 권리가 생기는 것이며 차액만큼의 이익을 얻을 수 있는 것입니다. 반면 만기일에 시장가격이 행사가격보다 높을 경우 풋옵션 매수자는 직접 시장가격으로 기본자산을 파는 것이 더 유리하므로 옵션행사를 포기하게 됩니다.

풋옵션 행사 시 실제이익 = (행사가격 − 시장가격) − 프리미엄

시장가격이 행사가격을 초과하는 영역이 풋옵션 매수자에겐 권리포기영역이 되고 풋옵션 매도자에겐 의무소멸영역이 됩니다. 그리고 행사가격이 시장가격을 초과하는 영역이 반대로 풋옵션 매수자의 권리행사영역이고 풋옵션 매도자에겐 의무이행영역이 됩니다.

풋옵션을 매도한 입장에서는 권리행사 시 행사가격으로 기본주식을 매수해야 할 의무가 있으므로 시장가격이 하락하면 하락할수록 손

실이 커지게 됩니다. 풋옵션 매수전략은 향후 시장가격이 크게 하락할 것으로 예상될때 손실을 프리미엄에 한정시키며 이익을 극대화하는 투자방법이며, 풋옵션 매도전략은 시장이 횡보하거나 상승할 것으로 예상될 때 프리미엄만큼 이익을 추구하는 투자전략입니다.

MEMO

....
....

38

행사가격 VS 시장가격

옵션은 기본자산의 시장가격과 행사가격에 따라 ITM, ATM, OTM옵션으로 구분됩니다. 현재 KOSPI200지수가 100.00이라 가정할 때 다음과 같이 구분 됩니다.

ITM(In-The-Money) 내가격옵션

콜옵션 ⇒ 시장가격 〉 행사가격   풋옵션 ⇒ 시장가격 〈 행사가격

콜옵션의 경우에는 행사가격이 기본자산의 시장가격보다 낮은 경우의 옵션을 말하며, 풋옵션인 경우에는 행사가격이 기본자산의 시장가격보다 높은 경우의 옵션을 말합니다. 현재 KOSPI200이 100.00의 시장가격을 이루고 있는 상황에서 100.00보다 낮은 행사가격을 갖는 콜옵션은 내가격 상태에 있다고 볼 수 있습니다. 반면 풋옵션의 경우라면 행사가격이 100.00보다 높은 102.50이나 105.00 등 100.00이상의 행사가격을 갖는 옵션이 내가격옵션이 됩니다.

ATM(At-The-Money) 등가격옵션

콜옵션 ⇒ 시장가격 = 행사가격   풋옵션 ⇒ 시장가격 = 행사가격

옵션의 행사가격과 기본자산의 시장가격이 같은 경우를 등가격 옵션이라고 합니다. 그러나 행사가격은 일정간격으로(우리나라 주가지수 옵션은 2.5p) 설정되기 때문에 기본자산과 가격이 일치하지 않을 수가 있는데 이때는 기본자산가격에 가장 가까운 행사가격을 가진 옵션을 ATM옵션으로 칭합니다.

OTM(Out-of-The-Money) 외가격옵션
콜옵션 ⇒ 시장가격 〈 행사가격   풋옵션 ⇒ 시장가격 〉 행사가격

콜옵션의 경우에는 시장가격이 행사가격보다 낮은 경우의 옵션을 말하며, 풋옵션인 경우에는 시장가격이 행사가격보다 높을 때 외가격옵션이라 말합니다. 현재 KOSPI200이 100.00의 시장가격을 이루고 있는 상황에서 100.00보다 높은 행사가격을 갖는 콜옵션은 외가격 상태에 있다고 볼 수 있습니다. 반면, 풋옵션의 경우라면 행사가격이 100.00보다 낮은 97.50나 95.00 등 100.00이하의 행사가격을 갖는 옵션이 외가격옵션이라 말합니다.

39

옵션의 가치

옵션을 구입할 때 옵션매수자가 옵션매도자에게 프리미엄을 지급하게 되는데, 옵션의 가격인 프리미엄이 곧 옵션의 가치가 됩니다. 프리미엄은 본질가치(Intrinsic value)와 시간가치(Time value)로 구성됩니다.

옵션의 본질가치는 옵션매수자가 현재 원리를 행사함으로써 얻을 수 있는 이익입니다. 즉, 콜옵션의 경우는 옵션의 행사가격이 기본자산의 시장가격보다 낮을 때, 풋옵션의 경우에는 행사가격이 시장가격보다 높을 때 본질가치를 갖게 됩니다. 그리고 옵션매수자 입장에서 기본자산의 시장가격이 행사가격보다 불리하게 형성되어 있을 때 권리행사를 포기하는 것이 유리하므로 본질가치는 최소한 0 이상이 됩니다.

옵션의 시장가격은 옵션의 본질가치보다 높은 것이 일반적입니다. 이때 옵션의 가격과 본질가치와의 차이를 옵션의 시간가치라고 합니다. 옵션의 시간가치는 만기시까지 주가지수가 유리한 방향으로 움직일 것이라는 예상기대치라 볼 수 있습니다. 이 시간가치는 Deep OTM과 Deep ITM에서는 매우 작게 나타나며 ATM에서 가장 크게 나타납니다.

40
옵션거래의 역사

옵션에 대한 기원을 성서의 창세기에서 찾는 사람도 있으며 고대 희랍인, 로마인에게서도 옵션이 이용되었다는 주장도 있습니다.

●**튤립옵션** 옵션거래가 최초로 등장하게 된 것은 17C경 네덜란드에서 튤립재배가 유행하면서 작황에 따라 가격변동폭이 커지게 되자 튤립시장에서 튤립을 기초자산으로 하는 옵션이 처음으로 거래되기 시작하면서부터라고 합니다.

●**PRIVILEGE** 주식에 대한 옵션거래는 17C말 런던에서 처음 시작되었으며, 18C말부터 미국에 되입되어 옵션이란 용어 대신 권리privilege라는 용어로 뉴욕 월가의 증권브로커들에 의해 장외주식옵션거래가 시작되면서 현대적인 의미의 옵션거래로 발전되었습니다.

옵션이 표준화된 계약으로 거래소에 상장되어 활발하게 거래된 것은 1973년 시카고옵션거래소CBOE가 개설된 이후에 이루어진 주식옵션거래였습니다.

주식옵션이 상장되어 약 10년이 경과한 1982년 10월에 T-bond와 T-note를 기본자산으로 하는 금리옵션이 상장되었고 12월에 필라델피

아 증권거래소^{PHLX}에서 영국파운드화에 대한 옵션거래가 시작되어 통화옵션거래도 이루어지게 되었습니다. 1983년 3월에 시카고옵션거래소가 S&P100지수옵션을 상장하므로써 주가지수옵션거래가 시작되었습니다.

MEMO

41
옵션거래의 기능

옵션의 매수자가 일정액의 프리미엄을 지불하면 기본자산의 가격변화에 따른 이득을 무한대로 향유할 수 있는 대신에 손실에 대한 위험은 지급한 프리미엄에 한정할 수 있습니다.

●**위험관리수단의 제공** 선물을 이용하여 현물가격의 변동위험을 헤지할 수 있듯이, 옵션도 기본자산의 불리한 가격변동에 대한 헤지수단으로 사용될 수 있습니다. 즉 주식에 투자할 경우 주가가 오르면 높은 수익을 얻을 수 있으나 주가가 하락하면 큰 손실을 입을 수 있습니다. 이 경우 풋옵션을 매입하면 주가하락 손실을 옵션이익으로 보상받을 수 있습니다.

●**다양한 투자수단의 제공** 콜옵션과 풋옵션의 매입과 매도전략을 다양하게 결합하거나 선물이나 선물거래와 결합하여 여러 가지 투자방법을 구사할 수 있습니다.

●**적은 투자비용으로 인한 레버리지 효과** 옵션은 주식투자보다 적은 비용으로 주식투자와 동일한 포지션을 취할 수 있어 거래비용을 절감하는 효과를 가져다줍니다. 주식이나 선물에는 적용하기 어려운 투

자전략이라도 옵션은 손익구조가 갖는 비대칭성 때문에 다양한 투자
전략이 가능하게 됩니다. 옵션과 옵션의 결합 외에도 현물과 선물을
옵션에 결합시켜 현물이나 선물로는 구사할 수 없는 전략을 창출해 낼
수 있습니다. 그리고 옵션거래비용은 매입자의 경우 옵션프리미엄에
한정되며 매도자의 경우는 기본자산 시장가격의 15%~25%의 증거금으
로 거래가 가능하므로 적은 투자자금으로 높은 수익률을 올릴 수 있습
니다.

MEMO

42

옵션거래의 특징은?

주식을 매수하거나 선물을 매수했을 때, 시장가격이 매수가격보다 상승하면 이익을 보게 되는 반면 하락하면 손실을 보게 됩니다. 반대로 주식을 공매도하거나 선물을 매도했을 경우에는 가격이 하락하면 이익을, 상승하면 손실을 보게 됩니다. 이처럼 주식이나 선물은 그 손익구조가 대칭적입니다.

옵션은 주식이나 선물과 달리 손익구조가 비대칭적인 특징이 있습니다. 이런 특징은 옵션이 매수자에게는 권리만을 부여하고 의무는 부과하지 않는 데서 나오는 것입니다. 즉, 옵션매수자의 입장에서 보면 기본자산가격이 유리한 방향으로 움직이면 움직일수록 이익은 비례하여 증가하지만, 가격이 불리한 방향으로 변할 경우에는 손실이 프리미엄 수준으로 한정되므로 손실은 비례하여 증가하지 않습니다. 그래서 옵션보유자의 손익형태는 기본자산의 시장가격이 유리한 방향으로 변하는 경우와 불리한 방향으로 변하는 경우에 서로 비대칭적인 모양이 됩니다.

현물매수 => 이익 : 무제한 손실 : 매수금액   => 거래형태 : 현금거래

선물매수 => 이익 : 무제한 손실 : 거의 무제한   => 거래형태 : 신용거래

옵션매수 => 이익 : 무제한 손실 : 프리미엄한정 => 거래형태 : 신용거래

43
옵션거래와 현물거래의 차이점

옵션은 주식이나 채권 등의 기본자산을 기초로 한 파생상품입니다. 주식이나 채권은 그 자체가 재산의 형태를 띠는 유가증권이기 때문에 주식이나 채권의 거래는 곧 유가증권이라는 재산에 대한 권리 자체가 이전되는 것을 말합니다. 그러나 옵션을 거래함에 있어서는 그 거래가 주식이나 채권 등의 기본자산에 대한 소유권 자체가 아닌 기본자산을 매도하거나 매수할 수 있는 권리에 대해서만 거래가 이루어지는 것입니다.

옵션거래의 상품성격은 주식, 채권 등 기본증권을 기초로 하는 파생상품입니다. 현물거래는 상품 자체가 재산권리를 나타내는 유가증권입니다.

옵션거래의 거래 대상은 기본자산을 매도 또는 매수할 수 있는 권리에 대한 거래입니다. 현물거래는 증서에 나타나 권리 자체에 대한 거래로 소유권이 이전되는 거래입니다. 옵션거래의 발행인은 투자자가 발행하고 발행사무는 거래소와 같은 결제기관이 대행해 줍니다. 현물거래는 기업, 공공단체 및 국가가 직접 발행합니다. 옵션거래의 증서 발행 유무는 소유권 증명을 위한 증서, 즉 옵션증서가 발행되지 않습니다. 현물거래는 소유권 증명을 위한 증거, 즉 주권, 채권 등이 발행됩니다. 옵션거래의 대상 종목 선정은 발행인(투자자)의 의사와 관계없이 거래소가 독자적(제도적)으로 선정합니다. 현물거래는 발행회사나 단체의 상장신청에 의해 거래소가 요건을 심사한 후에 상장합니다. 옵션거래의 거래비용은 증거금만 투자자금으로 잡히기 때문에 현물거래보다 상대적으로 저렴합니다. 현물거래는 현물가치를 모두 현금으로 거래하기 때문에 상대적으로 비용이 많이 듭니다.

MEMO

44

옵션거래와 선물거래의 차이점

옵션거래와 선물거래는 계약시점 이후에 대상물에 대한 인·수도가 이루어진다는 공통점을 가지고 있습니다. 또한, 옵션거래와 선물거래는 경제적인 기능면에서도 유사하다고 할 수 있습니다. 그러나 옵션거래는 옵션이 가지는 특수한 상품특성이나 권리이전 관계 및 권리행사 관계 등 여러 면에서 선물거래와는 많은 차이점을 지니고 있습니다.

옵션거래는 기본자산을 매도 또는 매수할 수 있는 권리에 대한 거래이며 선물거래는 일정시점에 기본자산의 인도를 전제로 한 거래입니다.

옵션거래는 매수자에게는 권리가 매도자에게는 의무만 주어집니다. 선물거래는 매수자와 매도자에게 권리와 의무가 동시에 주어집니다.

옵션거래는 매도자가 매수자에게 권리를 부여하는 대가로 프리미엄을 받게 되며 선물거래는 프리미엄을 주고받지 않으나 일일정산을 통하여 손익을 수수합니다. 옵션거래는 위탁증거금을 매도자에게만 부과하고 매수자에게는 프리미엄으로 대체합니다. 선물거래는 매도자와 매수자 공히 위탁증거금을 징수합니다. 옵션거래의 위험관리는 매수자는 위험을 프리미엄으로 한정할 수 있고 매도자는 프리미엄만큼 감소시킬 수 있습니다. 선물거래의 위험관리는 매수자와 매도자가 모두 무한정의 위험에 노출됩니다.

옵션거래의 결제방법은 반대매매 시 권리행사 시 결제가 이루어집니다. 권리행사 포기 시에는 결제가 필요 없으며 선물거래는 반대매매와 인·수도에 의해 결제가 이루어집니다.

MEMO

45
옵션의 가격결정 요인을 알아볼까요?

●**기본자산의 가격** 기본자산의 가격은 행사가격과 함께 옵션의 가치를 결정하는 가장 중요한 요인입니다. 콜옵션은 기본자산의 가격이 행사가격보다 높을 경우 이익을 얻을 수 있기 때문에 기본자산의 가격이 올라간다는 것은 이익을 얻을 가능성이 커진다는 것을 의미합니다.

●**행사가격** 행사가격이 높을수록 콜옵션의 가격은 낮아지고 풋옵션의 가격은 높아집니다.

●**기본자산의 변동성** 기본자산의 변동성이 클수록 옵션의 가치는 올라갑니다. 콜옵션은 기본자산의 가격이 행사가격 이상일 경우에만 이익을 얻을 수 있기 때문에 기본자산의 가격변동성이 크다는 것은 기본 자산의 가격이 행사가격보다 높아질 기회가 많아져 이익을 낼 가능성이 커진다는 것을 뜻합니다.

●**잔존기간** 옵션의 잔존기간이 길수록 장래 기본자산의 가격이 행사가격보다 유리하게 형성될 가능성이 커지므로 옵션의 가치는 높아집니다.

●**무위험이자율** 무위험이자율이 커질수록 행사가격의 현재가치는 더욱 감소하게 됩니다. 이자율이 상승할 경우 콜옵션가치는 커지는 반면 풋옵션의 가치는 작아집니다.

●**기본자산의 현금배당률** 배당금을 지급하게 되면 주식보유자는 그 배당금을 받게 되지만 옵션보유자는 그렇지 못합니다. 배당락일에 기본 자산은 배당금액만큼 가격이 하락하게 되므로, 배당금이 클수록 콜옵션의 가치는 하락하고 풋옵션의 가치는 상승하게 되는 것입니다.

MEMO

46

옵션시장의 구조는?

옵션시장은 옵션거래가 이루어지는 장소로서 옵션의 매매와 결제를 담당하는 옵션거래소와 옵션거래를 중개하는 회원, 그리고 옵션을 매수하거나 매도하고자 하는 투자자로 구성됩니다.

옵션거래가 이미 활성화된 외국의 경우 옵션거래소가 독립적으로 운영되는 곳도 있으나, 우리나라의 경우에는 주가지수선물과 마찬가지로 증권선물거래소에서 주가지수옵션거래소 역할을 겸하게 됩니다.

옵션거래소는 체결된 매매계약에 대한 쌍방의 계약이행을 보증하게 됩니다. 상대자의 입장이 되어 손익에 대한 차익을 수수함으로써 쌍방의 계약이행을 보증하게 됩니다. 주요업무로 매매시간의 설정, 조직화된 시장의 제공, 시장정보의 전달, 거래에 대한 규칙의 제정 및 표준 마련 등이 있습니다.

회원사는 옵션을 매수하거나 매도하고자 하는 투자자들의 주문을 처리해주고 그에 따른 대가로 수수료를 징수하는 중개기능을 수행합니다. 주요업무로 고객의 주문처리, 증거금 및 예탁금관리, 고객의 포지션관리, 중개수수료 징수 등이 있습니다.

거래소에서 사회적 신뢰도, 재무능력 등을 감안하여 회원자격을 부여하는데, 우리나라 대부분의 증권사는 이러한 일정한 요건을 갖추어 거래소에서 승인된 회원권을 취득하고 있습니다.

47

거래대상지수와 결재월 구성

주가지수옵션거래의 대상지수는 주가지수선물과 마찬가지로 KOSPI200지수입니다. 즉, 우리나라 주가지수옵션의 기본자산은 KOSPI200이 되는 것입니다.

KOSPI200지수는 KOSPI 전 종목 중 주가지수의 시장대표성을 고려하여 상장주식 시가총액의 70% 수준이 되도록 구성 종목 수를 200종목으로 하여 1990년 1월 3일을 기준으로 100p에서 시작한 지수입니다. KOSPI200지수는 정기적으로 시장 상황을 참작하여 변경하도록 되어 있는데, 매년 6월 두 번째 주 목요일의 익영업일에 변경합니다.

주가지수선물의 결제월은 3,6,9,12월로 최장거래기간은 1년입니다. 주가지수 옵션의 결제월은 당월을 포함한 연속 3개월 3개와 3, 6, 9, 12월 중 3개로 총 6개의 결제월이 존재합니다. 3, 6, 9, 12월물의 최장거래기간은 1년이지만 근월물의 최장거래 기간은 3개월입니다.

주가지수옵션의 최종거래일은 주가지수선물과 같이 각 결제월의 두 번째 목요일입니다(공휴일인 경우 순차적으로 앞당깁니다). 선물 및 옵션의 최종 결제가 같은 날에 이루어지면 일괄 결제할 수 있어 편리합니다.

48

호가 방법

● 호가 가격단위

이미 실행되고 있는 주가지수선물은 호가 가격단위가 0.05포인트입니다. 주가지수 옵션거래 시 호가 가격단위는 옵션가격이 3포인트 이상인 경우 0.05포인트, 옵션가격이 3포인트 미만인 경우에는 0.01포인트입니다.

● 행사가격의 간격

KOSPI200지수를 대상으로 하는 주가지수옵션의 행사
가격은 2.5포인트를 단위로 합니다.

● 거래단위

주가지수선물 1계약 = KOSPI200 선물지수 × 50만 원
주가지수옵션 1계약 = KOSPI200 옵션가격(프리미엄) × 10만 원

● 종목번호

주가지수선물   1   +   01   +   (   )   +   (   )
                 선물   KOSPI200   연도   결제월

주가지수옵션   2   +   01   +   ( ) + ( ) + ( )
                        콜옵션 KOSPI200   연도   결제월   행사가격

주가지수옵션   3   +   01   +   ( ) + ( ) + ( )
                        풋옵션 KOSPI200   연도   결제월   행사가격

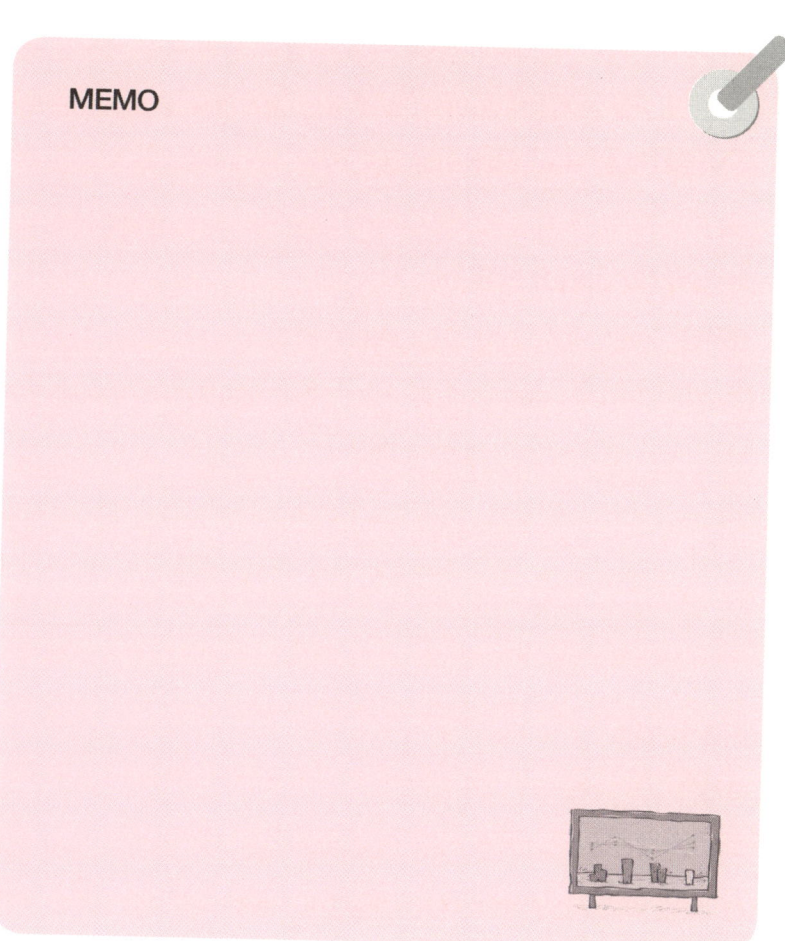

MEMO

49

거래시간

주가지수옵션시장의 거래시간은 주가지수선물시장과 동일하게 운영됩니다. 전장의 거래시간은 현물시장과 동일하지만, 후장의 거래시간은 확정된 최종 현물지수 및 현물 포지션에 따라 선물 및 옵션 포지션을 조정할 수 있도록 현물시장보다 15분 늦게 종료합니다.

최종거래일 이외의 경우

장시간 09시00분 ~ 15시 15분, 토요일 휴장

단, 최종거래일의 경우는 현물시장의 후장 단일가매매가 이루어지는 10분 동안 현물시장의 정보가 단절되어 선물가격이 급변하고 현·선물간 가격차이가 왜곡될 수 있는 가능성을 배제하기 위해 후장 단일가매매 개시시점인 14시 50분에 마감됩니다(최종가격은 15시에 KOSPI200지수로 결정됩니다).

최종거래일

장시간 09시 00분 ~ 14시 50분

현물시장이 여타 이유로 인해 매매거래가 중단될 경우 선물시장과 옵션시장의 거래도 중단됩니다. 매매 재개 시에는 원칙적으로 10분간 동시호가를 접수하여 단일가 매매처리하게 되어 있습니다. 그리고 전

일의 약정수량이 가장 많은 종목의 가격이 상한가·하한가로 1분간 지속되는 경우 모든 옵션 종목의 매매거래가 5분간 중단되며 중단 후 10분간 동시호가접수 후 단일가로 매매거래를 재개합니다(단, 이러한 중단이 당일 중 이미 발생하였거나 평일 14시 20분 이후에는 중단하지 않습니다).

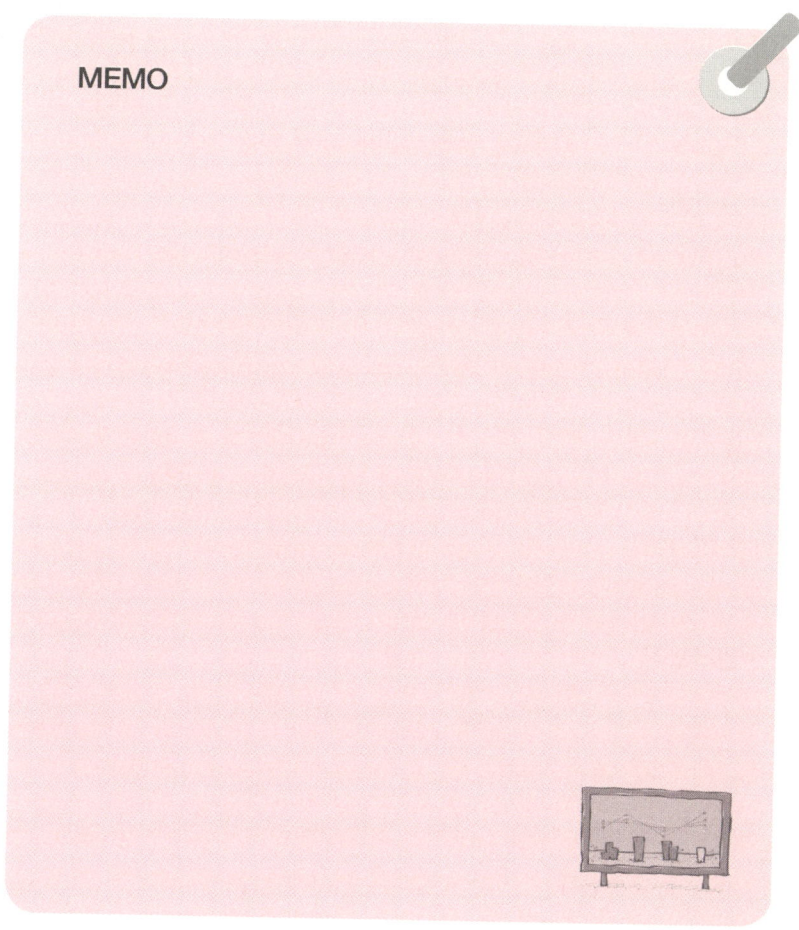

MEMO

50
결제방법

주가지수를 대상으로 하는 주가지수옵션의 경우에는 기본자산이 주식과 같이 실물로 존재하는 것이 아니라 추상적인 지수이므로 현금을 통한 차금결제방식으로 이루어집니다. 옵션거래는 만기시 권리행사 또는 권리포기, 그리고 만기 전의 매수나 매도를 통해 결제를 할 수 있습니다.

●권리행사

권리행사는 옵션의 매수자가 권리관계를 종결짓기 위한 방법의 하나입니다. 권리행사를 할 것인지 여부는 옵션매수자의 자유이며 옵션매도자는 거래의 이행을 청구할 수 없습니다. 따라서 권리행사가 이루어지게 되는 것은 통상 옵션의 매수자에게 이익이 될 경우에 한해서뿐입니다. 반대로 권리행사는 옵션의 매도자에게는 손실이 발생하는 행위가 됩니다.

●권리포기

만기일까지 옵션의 매수자가 권리행사나 매도를 하지 않은 경우에는 기한이 넘게 되어 권리가 소멸됩니다. 이를 권리포기라 합니다.

이 경우 옵션매수자와 매도자 간에는 새로이 금전수수가 일어나지 않습니다. 옵션매수자는 거래개시시에 옵션매도 시 지불한 프리미엄을 잃게 됩니다.

●매수·매도

실물결제와 같이 매수·매도는 옵션 거래 시에 자주 이용되는 결제 방법입니다. 옵션매수자는 이미 가진 옵션을 옵션시장에서 매도함으로써 권리의무관계를 종결지을 수 있습니다. 그리고 옵션매도자가 자신이 가진 매도포지션에 대해 매수를 취하여 권리의무관계를 종결지을 수 있습니다.

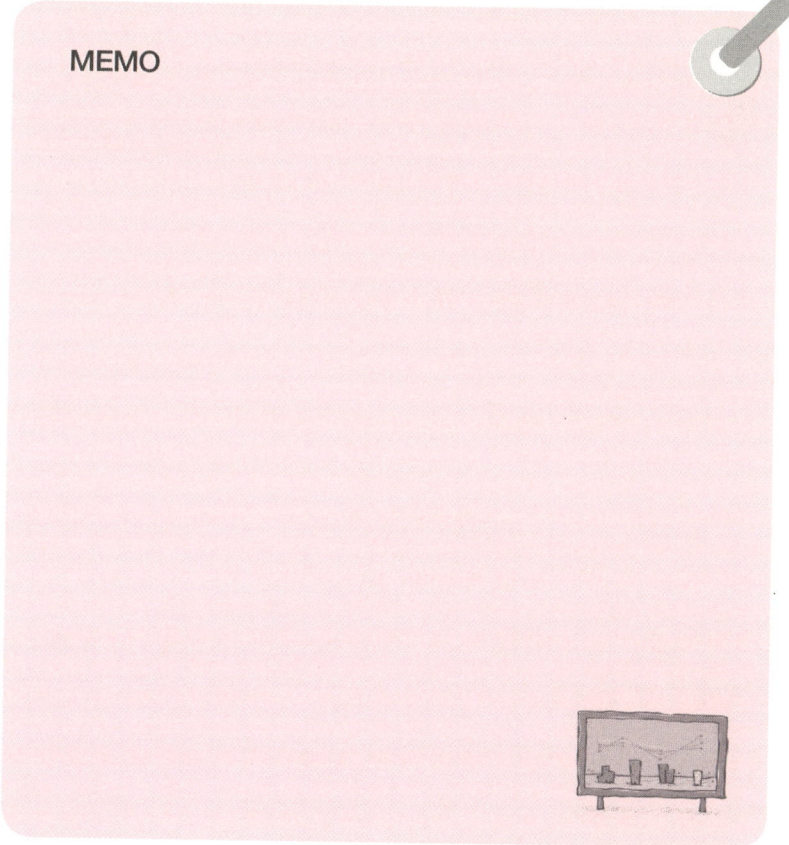

MEMO

51
옵션전략의 골격

가령 주식을 산 사람이 있다고 했을 때 살 때는 주식의 가격이 상승할 것으로 생각해 투자를 결심했을 것입니다. 하지만, 주식을 산후에 이 투자자는 팔기 전까지는 계속 주식이 빠지지나 않을까 하는 고민을 할 것입니다. 선물을 투자한 사람이 있다고 해도 마찬가지로 매수포지션을 가지고 있는 사람은 시장의 하락 시에 놓일 위험에 대해서, 매도포지션을 가지고 있는 사람은 시장이 상승할 때 처할 위험에 대해서 고민을 할 것입니다.

주식이나 선물은 일차원적인 위험에 대해 염두에 두어야 하지만 옵션을 거래하고자 할 때는 이보다 다양한 위험요인들을 고려하여야 합니다. 그 중 기본자산의 방향성과 변동성을 항상 동시에 따져보아야 합니다. 방향성이란 앞으로 기본자산의 가격이 상승할 것인가 하락할 것인가에 대해 판단을 의미하고 변동성이란 그 움직이는 방향이 명확한지낮은 변동성 아닌지높은 변동성에 대한 판단을 말합니다. 시장상승이 예상될 경우 콜옵션의 프리미엄은 상승하지만, 이때 모든 사람이 강세라고 예상하게 되면 변동성은 낮아지게 되므로 프리미엄의 상승은 억제됩니다. 옵션을 만기까지 가져가지 않고 중도에 매수·도하는 거래의 경우 시간가치의 초점을 맞춰야 하는데, 옵션거래에 가장 큰 영향을 미치는 것이 변동성입니다.

52
델타

옵션거래를 함에 있어 델타를 이해한다는 것이 가장 중요합니다. 옵션의 가격결정 요인은 모두가 위험요인이라 할 수 있고, 그중에서도 기본자산의 가격변화는 옵션의 가격에 가장 큰 영향을 미치는 요인입니다. 따라서 옵션을 거래하면서 기본자산의 가격변화에 따른 위험의 정도를 나타내는 지표인 델타를 사전에 필수적으로 파악하고 있어야 하겠습니다.

델타는 기본자산의 가격변동에 대한 옵션 가격의 변화 정도를 말합니다. 델타는 바로 주가의 변동분에 대해 옵션가격이 얼마만큼 변했는가를 나타냅니다. 옵션 델타가 1이라고 하면 기본자산의 주가가 100원 움직일 때 옵션가격 역시 100원 움직인다는 것이고, 델타가 0.5라고 하면 기본자산의 주가가 100원 움직일 때 50원 움직인다는 것을 의미합니다.

옵션의 가격변동은 기본자산의 가격변동보다 크게 일어날 수 없으므로, 콜옵션매수의 델타 값은 0과 1 사이가 됩니다. 풋옵션매수는 변동방향이 반대이므로 0과 -1 사이의 델타 값을 갖게 됩니다. 대체로 행사가격과 기본자산가격이 같은 등가격 옵션의 경우 콜옵션은 0.5, 풋옵션은 -0.5의 델타 값을 나타냅니다. 즉, 등가격 옵션일 때 기본자산의

가격이 100원 오르면 대체로 콜옵션가격은 50원 오르고, 풋옵션가격
은 50원 내리게 됨을 의미합니다.

MEMO

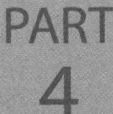

PART
4

델타 헤지와 데이트레이딩, 그리고
전략매매 이해하기

본문의 내용은 KOSPI200 선물옵션 매매 전략 중 합성매매에 있어
가장 중요한 델타 헤지에 대한 내용과 전략적 매매에 관한 내용입니다. 기관과 외국인의 매매에 있어
합성매매가 차지하는 비중이 60% 이상이며 KOSPI200 선물과 KOSPI200 옵션을 전략적으로 합성하여
매매하는 방법의 기초이므로 델타 헤지에 대한 개념을 반드시 이해하시고 매매하시기 바랍니다.

KOSPI200
선물옵션 트레이딩 바이블

53

델타 헤지

델타 헤지는 시장의 괴리가 생겼을 때 그 괴리를 수익으로 전환하는 유용한 도구입니다. 만약 시장에 자기가 생각한 이론가^{적정가}와 현재가 사이에 괴리가 생겨 어떤 전략매매 포지션을 취했다고 합시다. 이때 델타 헤지를 정기적으로 한다는 것은 유리한 게임에 정기적으로 베팅하는 것으로 볼 수 있습니다. 앞이 나올 확률이 60%인 동전을 생각해봅시다. 동전 던지기를 해서 동전의 앞·뒷면을 맞추면 1,000원을 받고, 틀리면 1,000원을 내는 게임이 있다면 여러분은 어떻게 하겠습니까? 한두 번 게임을 해서는 기대수익을 낼 수 없습니다. 아무리 좋은 확률 게임이라도 여러 번 시도해야 예상한 수익을 낼 수 있습니다. 시장의 괴리를 포착하는 것은 바로 확률적으로 유리한 게임을 발견한 것이고, 델타 헤지는 그 게임에 여러 번 참여하여 베팅을 하는 것이라고 비유할 수 있습니다.

54
데이트레이딩 전략

선물은 낮은 증거금으로 인한 레버리지 효과가 커서 투자원금이 적을 경우는 포지션을 진입한 후 오래 지속하기가 힘듭니다. 며칠만 반대방향으로 움직여도 일순간에 원금의 수십 퍼센트의 손실을 보기 쉬우며, 심지어는 원금 대부분을 잃을 수도 있기 때문입니다.

똑같이 매수를 해도 주식보다 선물에서 더 큰 스트레스를 받게 되는 이유는 바로 여기에 있으며, 특히나 투자금액이 그리 크지 않은 개인 투자자들은 더더욱 그러한 위치에 놓여 있기 때문에, 이들이 선물시장에서 살아남을 수 있는 좋은 방법 중 하나는 장중의 큰 등락폭을 이용한 데이트레이딩을 통해 이익은 적게 얻더라도 위험관리에 주력하는 것입니다.

그러나 이러한 데이트레이딩이 그렇게 쉽지만은 않아서 아무리 기술적 분석과 장세분석을 잘해도 여간해서는 실제 매매에서 장기간 이익을 얻기가 매우 어렵습니다. 실제로 주식시장에서 성공한 데이트레이더들도 선물에서는 실패를 하는 경우가 많은데 이것은 선물시장의 방향에 대한 예측이 매우 어려운 특성 때문입니다.

주식과 별반 다를 게 없는데다 도리어 양방향의 매매를 이용하는 장점이 덧붙여져 매매의 승률이 더 높아진다고 생각하게 되지만, 실제로 매매에 임하게 되면 장이 조금만 진입 포지션과 반대방향으로 가도 불안해져 오래 머물러 있기가 힘들어지며, 순식간에 급등락하는 시장 에너지로 인해 매매의 타이밍을 몇 번만 놓치게 되면 그때부터는 악순환이 계속 됩니다.

결국, 선물 데이트레이딩이나 스켈핑은 진입순간부터 수많은 스트레스가 발생하여 주식처럼 조금 내려가더라도 여유 있게 기다릴 수 있는 심리적 안정이 이뤄지기 어렵게 됩니다. 그럼에도, 데이트레이딩은 오버나잇 위험overnight risk을 벗어나게 해주는 가장 매력적인 방법 가운데 하나입니다. 따라서 이러한 데이트레이딩의 어려움과 숨어 있는 함정들에 대해서 파악하고 이에 맞는 몇 가지 원칙만을 적용할 수 있다면 안정적인 수익률을 창출하는데 그렇게 어렵지 않습니다.

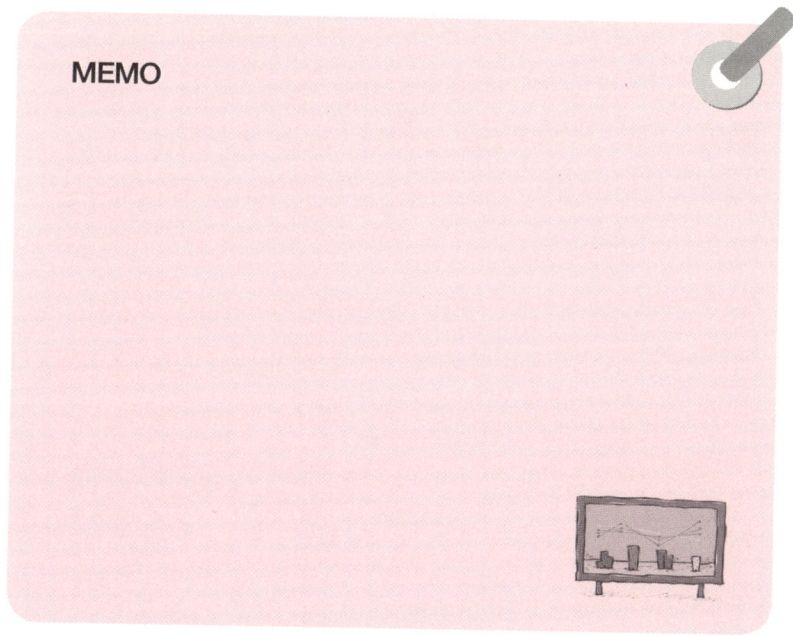

MEMO

55
데이트레이딩의 문제점

외국인과 기관투자가들의 시장충격으로 인해 개인들은 장중에 수많은 착시효과에 빠져들게 되어 스스로의 예측과 상황판단으로만 매매하기에는 너무나 많은 속임수와 함정이 잔재해 있습니다.

매매타이밍을 포착하기가 어려우며, 한번 이익을 실현하더라도 재진입re-entry을 결정하기가 매우 어렵기 때문에 이익을 내다가도 잘못된 재진입으로 인해 일순간에 손실을 보기 쉽습니다.

매매의 감을 잊어버릴 경우 좀처럼 이익을 내는 매매를 하기가 어렵습니다. 매일 지속되는 매매의 스트레스로 인해 빨리 지치며 슬럼프가 장기화되기도 합니다.

잦은 매매로 인해 하루 지정된 손절폭을 넘어가기가 일쑤여서 위험관리가 생각처럼 쉽지 않습니다. 이상으로 데이트레이딩의 어려움에 대해 몇 가지 요약을 해보았습니다. 만일 여기에 충분한 공감을 하게 된다면 그것은 매우 당연한 일이며, 앞으로 여러분은 이러한 어려움을 어떻게 극복하고 지속적인 수익을 낼 수 있는지에 대해 연구하여야 할 것입니다.

(1) 매일매일 시장의 움직임과 특성에 대한 분석이 필요합니다

시장의 하루 움직임은 특별히 변동성이 큰 날을 제외하고는 제한적입니다. 평균적으로 장이 얼마나 움직이는지, 그리고 추세와 횡보의 비율은 어떻게 되는지에 대해 과거의 패턴을 살펴봄으로써 우리가 거래할 시장에 대한 이해가 필요합니다. 이것은 시장의 중기나 장기 추세와는 무관하게 하루 동안만의 시장 패턴을 관찰하는 것으로서 추세를 하루에만 적용하는 중요한 작업입니다. 우리가 흔히 말하는 시장의 추세분석과는 전혀 별개의 문제입니다.

(2) 추세와 횡보에 대한 2~3가지의 전략을 구성해야 한다

그날 시장의 움직임에 대해서는 누구도 예측하기 어렵습니다. 데이트레이딩의 최대 단점은 시시각각 순간적으로 찾아오는 감정에 반응하여 충동적인 매매를 하게 되는데, 이렇게 하다 보면 매매의 일관성을 벗어나게 되어 조금씩 벌다가도 한순간에 무너지게 되며 이러한 일이 반복되다 보면 자신감이 상실되고 손실의 누적 현상이 발생하게 됩니다. 이를 극복할 수 있는 유일한 방법은 당일의 추세형성 또는 스윙 패턴의 움직임에 맞는 각각의 복수전략을 채택함으로써 시장이 어떻게 움직이든지 이익을 얻을 수 있는 확률을 50%로 만드는 것입니다. 한 예로 당일의 시장움직임을 전형적인 추세분석으로 분류하면 당일의 추세장, 횡보장, 변동성 확대장으로 구분한 후 각각에 잘 맞는 3가지 전략을 그날 동시에 쓰게 된다면 최소한 30%의 확률은 확보되는 셈입니다. 여기서 2가지의 전략이 이익을 발생시킨다면 60%로 증가하게 되므로 나머지 30%의 손실을 본다 해도 결국은 이익이 발생하게 되는 것입니다. 물론 이것은 단순한 예이지만 이것은 전략포트폴리오의 중요한 개념이 됩니다.

(3) 전략의 확정과 지속적인 적용

이제 매매할 전략이 2~3가지로 압축되었다면 이 전략을 매일매일 지속적으로 적용합니다. 단 여기서 추측으로 인한 판단은 금물입니다. 일단 전략이 확정되면 그날 아무리 그 전략으로 인해 손실이 예측되더라도 전략대로 따라야 합니다. 이것은 시스템트레이딩과도 상통하는 개념으로서 이것이 이루어지지 않으면 절대 선물시장에서 이익을 발생시키기가 어렵습니다.

전략의 지속적 적용은 다음과 같은 장점이 있습니다.

첫째 시장은 어떻게 움직일지 모르기 때문에 섣부른 예측은 금물입니다. 한가지 확률 높은 전략만을 지속적으로 적용해야만 시장이 어떻게 움직이든지 결정적일 때 크게 이익을 낼 수 있습니다. 아닐 때는 손절폭을 정함으로써 작게 손실을 보다가 크게 움직이는 장에서 큰 이익을 획득할 수 있도록 하는 것입니다.

둘째 전략의 조건이 이루어질 때만 진입을 함으로써 재진입 시점으로 인한 고통에서 벗어날 수 있습니다. 당일 매매 중에 손실이 나면 나는 대로, 혹은 이익이 나면 나는 대로 다시 진입타이밍을 잡기는 매우 힘듭니다. 데이트레이딩이 힘든 것은 바로 이러한 재진입의 잘못으로 인하여 벌다가 손실을 보게 되는 과정에서의 평정심을 잃어 버리게 된다는데 있습니다.

셋째 전략을 복수로 적용하다 보면 시장을 객관적으로 바라볼 수 있는 '눈'이 생기게 됩니다. 이것이 바로 진정한 매매의 감이며 장기간이 지나게 되면 이러한 노하우로 인해 보다 정확한 전략들이 창출될수 있도록 도와주게 됩니다.

(4) 위험관리

데이트레이딩에서 위험관리는 당일 전략의 하루 중 진입횟수와 손절,Stop loss 그리고 트레일링 스탑Trailing Stop으로 나눠볼 수 있습니다.

데일리 추세를 이용한 전략은 하루 1회가 적당합니다. 추세전략은 1번 들어가서 종가청산 혹은 손절로 끝나게 됩니다. 반면에 기술적 지표를 이용한 전략은 보통 하루 중 2~3회 정도 반전Reverse으로 진입하는 것이 보통이며, 변동성을 이용한 전략은 이 2가지를 혼합하게 되는데 역시 1~2회 정도 진입하게 됩니다. 일반적으로 추세전략과 오실레이터 전략의 2가지를 혼합하는 것이 정석입니다.

추세전략의 경우 손절폭은 전체자본금의 1~3%가 적당하며 오실레이터 전략은 반전시스템이므로 손절이 없이 반전신호로 계속 포지션을 가져가는 것입니다. 트레일링 스탑은 보통 선물 포인트 기준으로 삼는 것이 좋은데, 전체 자산의 1% 정도의 이익 시점에서부터 피라미딩 청산하는 것이 좋습니다.

예를 들어, 선물 100P에 매수 4계약을 하였다면 101.5P에서부터 트레일링 스탑을 걸리도록 하여 101.5P에서 4계약 전부를 매도청산 할 수도 있고, 그 시점에서부터 1계약씩 위아래의 어느 방향이든 일정비율대로 청산하는 것도 가능합니다. 이것은 이익이 어느 정도 날 경우 최소한의 이익을 확보하는 전략인데, 데이트레이딩에서는 이것을 적용하는 것이 매우 중요합니다. 잘못할 때 급등 후 급락이 오게 됨으로써 그 시점까지 많이 나던 이익을 다 까먹고 손실로서 끝날 수가 있는데, 이런 경우 매매자의 심리에 끼치는 영향은 대단히 크다고 할 수 있어 이에 대한 계획과 적용이 엄격해야 합니다.

마지막으로 투자자본금의 문제로서 일반적으로 위와 같은 전략과 원칙만으로 매매했는데도 원금의 3% 이상의 손실이 나게 될 경우는 일단 매매를 중지하고 다음을 살핍니다.

첫째, 전략 자체의 문제 혹은 전략의 지속적인 적용의 여부,

둘째, 레버리지 적용의 문제,

셋째, 일시적인 시장 상황의 악영향

등으로 문제점을 분석하고 나서 이에 대한 해결책이 이루어질 때 재매매를 개시하는 것이 좋습니다.

56
옵션 전략매매

흔히 파생상품 시장을 90%의 하수가 10%의 고수에게 돈을 갖다 바치는 시장이라고 합니다. 그리고 이런 상황은 개인 투자자들에게는 불행한 일이지만 계속 지속될 전망입니다.

고수들은 이 시장에서 계속 살아남아 꾸준히 수익을 내겠지만, 90%의 하수들은 계속 시장에서 퇴출당하고 그 자리를 또 다른 하수가 계속해서 메우고 있는 것이 이 시장의 비정한 현실입니다. 결국, 하수들은 전혀 학습효과를 누리지 못하고 계속해서 처음부터 다시 시작하는 셈입니다. 그리고 그들의 상대인 고수는 온갖 경험과 노하우를 바탕으로 게임에 임하고 있는 것입니다. 이러한 불공정게임의 결과는 당연합니다.

고수들의 지속적인 승리만이 있을 뿐입니다. 게다가 증권사에 개설된 선물옵션 계좌의 평균 수명이 불과 석달이 안 되는 엄연한 현실은 개인 투자자들로 하여금 지금까지의 매매방식에 대해 근본적인 질문을 던지게 합니다. 선물옵션 시장은 매우 살벌한 시장입니다. 자신의 소중한 자산을 한순간의 잘못된 판단으로 한꺼번에 다 날릴 수 있는 시장입니다.

이런 시장에서 자신이 매우 운이 좋을 것이라는 막연한 환상을 가지고 매매를 한다면 어쩌다 한두 번은 대박의 행운을 거머쥘 수도 있지만, 장기적으로는 결국 90%의 하수에 속하게 됩니다. 결국, 고수와 하수의 차이는 얼마나 옵션의 특성을 잘 이해하고 있고 그것을 실제 매매에 잘 적용하는가에 달렸습니다.

옵션의 특성들델타, 감마, 쎄타, 베가을 제대로 알지 못하고 매매를 하는 것은 마치 나침반과 지도 없는 항해와 같다고 할 수 있습니다. 곳곳에 도사리고 있는 암초를 피해 목적지에 안전하게 도착하기 위해서는 나침반과 지도는 항해의 가장 필수적인 도구들입니다. 한 배의 선장으로 이런 도구들을 적절히 사용하는 방법을 모른다면 그 항해는 결코 안전한 항해가 되지 못할 것입니다.

옵션시장에서 나침반과 지도의 역할을 하는 것은 바로 델타, 감마, 쎄타, 베가라는 다소 생소한 것들입니다. 이러한 개념들은 주식에는 없는 매우 특이한 것들이기 때문에 주의 깊게 보아야 그 의미를 제대로 체득할 수 있습니다. 시중에 출판된 여러 서적에 나와 있는 설명들은 사실 별 도움이 되지 않습니다. 이 개념들을 정확히 체득하는 것은 바로 실전 매매를 통해서만 이루어질 수 있습니다.

물론, 실전 매매라고 해서 무조건 이런 개념을 알 수 있는 것은 아닙니다. 전략 매매라는 옵션에 독특한 매매를 함으로써 이 개념을 체득할 수 있습니다. 전략매매를 함으로써 옵션의 특성들을 체득할 수 있으며 이렇게 체득된 것들은 향후 여러 다양한 시장 상황에서 합리적인 판단을 하는 데 커다란 도움이 됩니다. 반드시 전략 매매를 통해 옵션의 특성들을 체득한 후 매매에 임하시기 바랍니다.

57
스프레드 매매

스프레드 매매는 하나의 포지션이 서로 상반되는 방향의 종목으로 구성되어 있는 것을 말합니다. 예를 들면 콜매수+풋매수, 콜매도+풋매도, 콜매수+선물매도, 콜매도+선물매수, 풋매수+선물매수, 풋매도+선물매도 등으로 그 종류는 매우 많습니다. 일반적인 선물옵션 서적에는 이러한 종목 구성 방법을 일일이 구분하여 무슨 무슨 전략이라는 이름을 붙이고 각 전략의 특성을 간략히 소개하곤 합니다.

스트랭글 매도,^{매수} 스트래들 매도,^{매수} 버터플라이, 비율 스프레드, 백 스프레드 등등이 바로 그러한 것들입니다. 그러나 중요한 것은 전체 전략을 관통하는 하나의 일관된 흐름이 무엇인가를 아는 것입니다. 어떠한 시장 상황에 부딪히더라도 의연하게 대처할 수 있는 능력이 중요한 것이지 각 전략의 이름을 외우는 것은 수익을 내는 데 전혀 도움이 되지 못합니다.

옵션 전략매매를 관통하는 하나의 흐름을 BLASH^{Buy Low And Sell High: 싸게 사고 비싸게 팔기}라고 생각합니다. 양매도 전략이라면 일단 비싸게 파는 것이 중요하고 양매수 전략이면 일단 싸게 사는 것이 중요합니다. 마찬가지로 비율 스프레드라면 등가격 쪽은 싸게 사고 외가격 쪽은 비싸게 팔아야 합니다. 여기서 중요한 것은 무엇이 비싸고 무엇이 싼 것인가를 구별해내는 능력입니다. 옵션은 다른 상품과는 달리 가격 그 자체가 비싸고 ^{고평가} 싼 ^{저평가} 것의 기준이 절대 되지 못합니다. 이미 옵션 기초에서 설명했듯이 그 기준은 바로 내재 변동성입니다. 내재 변동성이 큰 것이 비싼 ^{고평가된} 옵션이지 가격이 높은 것이 비싼 것이 아닙니다. 현실에서 이 사실은 외가격 옵션의 고평가라는 것으로 나타납니다. 개인 투자자들은 주로 고평가된 외가격 옵션을 매수하는데 등가격 옵션에 비해 절대적인 가격이 싼 것에 현혹되기 때문이라고 할 수 있습니다. 그러나 절대적인 가격이 낮다 하더라도 결코 그 옵션이 싼 옵션이 아니라는 것을 알아야 합니다.

사실 이러한 현상은 이 시장의 고수들이 가장 바라는 바라고 할 수 있습니다. 고수들의 생존 근거는 바로 하수들의 존재에 있습니다. 그들은 하수들이 잘못 생각하고 잘못 판단하는 바로 그곳에서 출발합니다. 하수들이 외관상 드러나는 숫자에 현혹되어 어리석은 판단을 할 때 고수들은 정확한 판단에 따라서 고평가된 옵션과 저평가된 옵션을 구별해 내어 그들 나름의 전략을 세웁니다.

BLASH 원칙의 핵심은 변동성입니다. 사실 변동성은 시간가치와 함께 옵션을 구성하는 양대 요소입니다. 옵션은 변동성과 시간의 상품입니다. 이 둘을 통일되게 이해하는 것이야말로 옵션거래의 성패를 좌우합니다.

옵션매매는 변동성으로 시작해 변동성으로 끝난다고 해도 과언이 아닙니다. 이러한 이유로 스프레드는 변동성 스프레드라고 불리기도 합니다. 아니 그렇게 불러야 마땅하다고 할 수 있습니다. 하나의 전략매매를 선택해서 포지션을 구축하는 이유는 당연하겠지만, 수익을 내기 위해서입니다. 그리고 그 포지션을 구축하는 근본적인 이유는 그

포지션이 수익을 낼 확률이 높기 때문입니다. 포지션이 수익을 낼 수 있는 확률적 유리함은 무언가 정상적인 흐름과는 괴리가 있을 때 가능합니다. 전략매매에서 그 괴리는 다름 아닌 바로 변동성의 괴리입니다. 정상적인 변동성보다 상당한 정도로 낮거나 높을 때가 바로 그에 적당한 전략을 선택하여 포지션을 진입해야 할 시점입니다. 일단 확률적으로 수익을 내기가 유리한 포지션을 취했으면 그때부터 미래의 어느 순간에 예상한 정도의 수익이 났을 때 포지션을 청산해야 합니다. 그렇다면 그때까지는 어떻게 포지션을 관리할 것인가?

어느 옵션이 엄청나게 고평가되었다고 해서 단순한 매도로 대응했다가는 큰 낭패를 볼 수 있습니다. 예를 들어 콜옵션이 고평가되었다고 판단했다고 해서 단순히 매도하면 수익을 내지는 못할 것입니다. 시장이 상승한다면 매도한 콜옵션의 가격이 더욱 오를 것이기 때문입니다. 이에 대한 해답이 모두 많이 들어왔던 델타 헤지입니다. 델타 헤지는 시장의 괴리를 수익으로 현실화하는 매우 유용한 도구입니다. 전략매매는 크게 두 부분으로 나누어집니다.

첫째, 포지션 진입으로 이때는 시장의 괴리를 찾는 것으로부터 시작합니다. 이때 시장의 괴리는 변동성을 이용하여 찾습니다. 둘째, 일단 시장의 괴리를 발견하여 포지션 진입을 했다면 그 괴리를 수익으로 현실화하는 델타 헤지입니다.

58
전략매매의 기초로서의 델타 헤지

델타 헤지는 파생상품 매매를 해본 사람은 누구나 한 번은 들어 보았을 용어입니다. 보유 포지션의 델타 총합을 0으로 만드는 것으로 방법 그 자체는 매우 간단합니다.

콜옵션을 매수(도)했을 때는 델타가 양(음)수이고 풋옵션을 매수(도)했을 때는 델타가 음(양)수이며, 선물을 매수(도)했을 때는 델타가 양(음)수입니다. 만약 어느 순간에 보유 포지션의 델타 총합이 양수이면 델타를 0으로 만들어주기 위해서는 콜옵션을 매도, 풋옵션을 매수 또는 선물을 매도하여 델타를 0으로 만들 수 있습니다.

델타를 0으로 만든다는 것은 지수의 작은 변화에 포지션의 손익이 영향을 받지 않도록 함을 의미합니다. 파생상품 전략매매에 초보인 사람들은 흔히 '포지션의 손익이 변하지 않는데 어떻게 수익을 낼 수 있을까?'라는 질문을 던지곤 합니다. 이런 질문이 있는 주요한 이유는 그동안 델타 헤지가 책이나 여러 매체를 통해 정작 중요한 델타 헤지의 진정한 의미는 제대로 알려지지 않고 단지 방법만 알려진 데 기인합니다.

다음의 예를 통해 델타 헤지의 의미를 정확히 알아보도록 하겠습니다.

양영빈, 김희철, 오상현 공저, 『선물옵션파워특강(2002)』, 국일증권
경제연구소, pp.136~140

2001년 2월 9일의 기초 자료

종목 : Call 75

시각 : 오후 3시 정각

가격 : 3.25

내재변동성 : 39.5%

참변동성 : 22.5%

이론가격 : 1.92

기초자산 : 74.91

델타 : 0.491

이자율 : 4.96%

만기 : 3월 8일

만기까지 남은 영업일수 : 16일

콜 75가 거래되고 있는 가격은 3.25이나 이론 가격은 1.92이다. 물론 이론가를 정확히 계산할 수는 없습니다. 옵션의 이론가 또는 적정가를 정확하게 구하려면 이론가를 구하는 시점에서 만기까지의 기초자산의 변동성을 알아야 합니다. 그러나 현실 세계에서는 그 누구도 미래의 변동성을 제대로 알 수가 없습니다. 그러나 여기서는 문제를 간단히 하기 위해 미래의 변동성을 정확히 안다는 가정을 했으며 그 변동성을 가지고 이론가를 계산한 것입니다.

위의 자료에서 우리는 콜 75가 3.25-1.92=1.33만큼 고평가된 상태라는 것을 알 수 있습니다. 자! 그렇다면 어떻게 수익을 낼 수 있을 것인가? 어떻게 매매를 해야 1.33만큼 고평가된 것에서 이익을 낼 수 있을까? 나름대로 해답을 생각해 보겠습니다. 일단 콜 75가 고평가된 상태이므로 이 옵션을 매도를 해야 한다는 것은 누구나 알 것입니다. 그러나 단순히 고평가된 옵션을 매도하는 것으로 모든 것이 끝난 것일까? 상황은 그렇게 만만하지 않습니다. 콜 75가 고평가된 것이기에 일단 매도하는 것은 올바른 접근이나 그냥 그대로 매도 상태로 두면 매우 큰 위험을 떠안게 됩니다. 운이 좋아서 지수가 떨어지면 좋겠지만, 반대로 지수가 상승하면 큰 손실이 발생할 수 있기 때문입니다. 따라서 콜 75가 고평가되었다고 해서 단순히 매도하는 것은 정답이 아닙니다. 콜 75를 매도하는 것은 100점 만점에 단지 50점을 줄 수 있을 뿐입니다. 이문제에 대한 정답은 델타 헤지입니다.

델타 헤지의 기능은 단순히 포지션의 델타 총합을 0으로 만들어 지수 변동에 따른 위험을 축소하는 것만이 아닙니다. 파생상품 매매에 있어서 델타 헤지의 본질적인 기능은 시장에서 거래되고 옵션의 내재변동성과 참변동성의 괴리를 수익으로 현실화하는 데 있습니다. 고평가된 종목이 콜 옵션이고 헤지를 할 때 선물로 한다면 이 경우는 콜매도+선물매수의 포지션을 취하게 됩니다. 헤지를 하는 것이 풋옵션이라면 그동안 많이 들었던 양매도 포지션이 됩니다. 여기서는 좀 더 간단한 선물로 헤지를 하는 경우를 보도록 합니다.

위의 예에서는 고평가된 콜 75를 100계약 매도하고 동시에 포지션의 총 델타를 0으로 만들기 위해 선물을 매수합니다. 그리고 선물은 최소 1계약 단위로 거래가 되나 문제를 간단히 하기 위해 0.01단위까지 매매가 가능하다는 가정을 합니다. 또한, 델타 헤지를 하는 시점이 중요한데 마찬가지로 문제의 단순화를 위해 매일 오후 3:00 정각에 델타 헤지를 한다는 가정을 합니다. 델타 헤지를 하는 시점은 나중에 다시 언급할 것이므로 여기서는 정기적으로 델타 헤지를 한다는 사실에 주의하기를 바랍니다. 2월9일(금), 2월12일(월), 2월13일(화) 오후 3:00에 델타 헤지를 한 결과는 다음과 같습니다.

(1) 2001년 2월 9일 금요일

Call 75의 가격 : 3.25

Call 75의 델타 : 0.528

콜옵션의 총 델타 : -0.528(델타) × 100(계약 수) ÷ 5 = -10.57

선물 헤지 : 10.57 계약 74.95에 매수

총 델타 : -10.57 + 10.57 = 0

(2) 2001년 2월 12일 월요일

Call 75의 가격 : 3.40

Call 75의 델타 : 0.569

콜옵션의 총 델타 : -0.569(델타) × 100(계약수) ÷ 5 = -11.38

포지션의 총 델타 : -11.38(콜옵션) + 10.57(선물) = -0.82

헤지 조정 : 선물 0.82 계약 75.30에 매수(총 11.38 계약 매수 상태)

평가 손익 : (3.25－3.40) × 100 + (75.30－74.95) × 10.57 × 5

= + 3.49(34만 9천원)

(3) 2001년 2월 13일 화요일

Call 75의 가격 : 3.30

Call 75의 델타 : 0.559

콜옵션의 총 델타 : -0.559(델타) × 100(계약 수) ÷ 5 = -11.17

포지션의 총 델타 : -11.17(콜옵션) + 11.38(선물) = -0.21

헤지 조정 : 선물 0.21 계약 75.20에 매도(총 11.17 계약 매수 상태)

평가 손익 : 3.49(전일 평가손익) + (3.40-3.30) × 100 + (75.20-
　　　　　75.30)× 11.38×5 = + 7.80

예상 이론 손익과 총 손익의 차이가 대략 7% 정도로 차이가 크게 나지 않음을 알 수 있습니다. 이는 옵션 이론가를 사용한 매매방법이 시장에서 유효한 전략임을 의미합니다.

위의 내용은 2004년 저자의 논문 중 일부이며 델타헤지를 함으로서 방향에 관계없이 수익을 얻을 수 있는 옵션만이 갖고 있는 중요한 특성에 관한 것입니다.

59
델타 헤지의 필요성

앞에서는 델타 헤지의 의미를 주로 설명했다. 단순히 포지션의 총 델타를 0으로 맞추는 것으로서의 델타 헤지가 아니라, 시장의 괴리<small>내재 변동성과 참변동성 사이의 괴리</small>를 수익으로 전환하는 도구로서의 델타 헤지의 의미를 강조했습니다.

앞에서의 사례는 이론수익과 실현수익 사이에 오차가 7% 정도로 이론과 현실이 비교적 잘 맞고 있음을 의미합니다. 그러나 앞에서의 가장 큰 결함이라고 할 수 있는 것은 미래의 참변동성을 미리 알고 있다고 가정한 것입니다. 사실 미래의 참변동성은 그 누구도 알 수 없는 신비에 싸인 값입니다. 모든 옵션트레이더의 꿈은 참 변동성을 아는 것이기도 합니다.

많은 사람들이 변동성을 예측하기 위해 복잡한 수학을 동원하여 예측을 시도하기도 하지만 아직 명쾌한 해답을 내놓지는 못했습니다. 결국, 미래의 참변동성은 인간의 영역을 뛰어넘은 피안의 세계에 있는 것이라고 할 수 있습니다.

그렇다면 앞에서 설명한 것들이 아무런 의미가 없을까? 미리 답을 말하자면 "반드시 그렇지는 않다!"라고 말할 수 있습니다. 변동성의 예측은 불가능한 일이지만, 실전 매매에서는 앞에서 얘기한 것들을 충분히 응용할 수 있습니다.

대부분의 실전매매 결과는 변동성 예측을 잘 못하더라도 실현 손익에는 그것이 큰 영향을 주지 않음을 의미합니다. 더 나아가서 굳이 변동성을 예측하려고 너무 많은 시간과 정력을 허비할 필요가 없다고도 할 수 있습니다. 어차피 참 변동성은 미지의 영역에 속하는 것이기 때문에 그 값을 정확히 예측하려는 것은 좀 심하게 말한다면 부질없는 노력이라고도 할 수 있습니다.

옵션을 거래하는 데 있어서 변동성은 가장 중요한 요소인데 그것을 정확히 예측하지 못하더라도 매매에 큰 지장을 주지 않는다는 사실입니다.

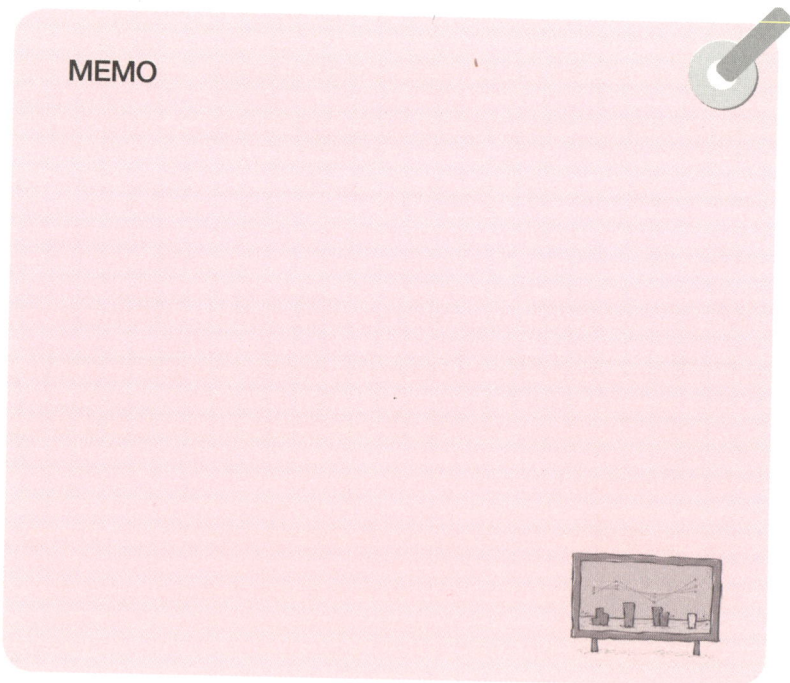

KOSPI200 선물옵션 트레이딩 바이블

60
델타 헤지하는 방법

델타 헤지가 시장의 괴리를 수익으로 전환하는 유용한 도구라면 남은 문제는 '어떻게 델타 헤지를 할 것인가?'입니다. 옵션 전략매매의 델타 헤지를 하는 방법은 크게 세 가지가 있습니다.

(1) 정기적으로 델타 헤지를 하는 방법

우리가 사용하는 옵션의 이론가는 주로 블랙 – 숄즈의 가격결정 모형을 기본으로 합니다. 이 모형은 기초자산이 연속적으로 변한다는 가정을 합니다. 따라서 이론에 충실하려면 델타 헤지는 매 순간 해주는 것이 옳습니다.

그러나 델타 헤지를 매 순간 하는 것은 불가능합니다. 수수료 문제도 있거니와 매 순간 매매를 하는 것도 불가능합니다. 따라서 우리는 현실적으로 가능한 대안을 찾아야 하는데 그것이 바로 델타 헤지를 정기적으로 하는 것입니다.

매 30분, 1시간 또는 매일 종가에 델타 헤지를 하는 방법입니다. 이 방법의 단점은 델타 헤지를 하는 시점 사이에 장이 큰 폭으로 움직이면 포지션의 손익에 큰 영향을 준다는 점을 들 수 있습니다. 그러나 우리나라 시장의 특성으로 장 중 변동성이 크다는 점을 상기한다면 오히려 이 방법이 헤지 비용을 줄일 수도 있습니다.

(2) 사전에 정한 한도를 초과할 때 델타 헤지를 하는 방법

이 방법은 포지션의 총 델타의 절댓값을 사전에 미리 정하고 포지션의 총 델타가 이 값을 초과하면 델타 헤지를 하는 방법입니다.

예를 들어 양매도 전략매매를 하는 경우 델타 헤지 기준을 5로 정했다고 하겠습니다. 이 경우 장이 상승하면 처음 포지션의 델타가 0이었다가 -6이 되었다고 합니다. 이때는 풋을 매도하거나 콜을 매수하여 델타 헤지를 할 수 있습니다.

반대로 장이 하락하여 델타가 +6이 되면 콜을 매도하거나 풋을 매수할 수 있습니다. 이 헤지 방법의 장점은 시장이 조용하면 포지션에 손을 댈 필요가 거의 없다는 점을 들 수 있습니다. 그리고 그때그때 시장의 움직임에 신속하게 대응할 수 있다는 점을 들 수 있습니다. 즉, 시장이 한 방향으로 움직일 때 이 방법은 매우 유효하다고 볼 수 있습니다. 그러나 우리나라 시장의 장 중 변동성이 크다는 점을 고려한다면 이 방법은 헤지 비용을 고스란히 지불해야 한다는 단점이 있습니다. 양매도를 예를 든다면 지수가 상승하면 고점에서 풋을 싸게 매도하고, 하락하면 저점에서 콜을 싸게 매도할 수밖에 없습니다.

(3) 감으로 델타 헤지를 하는 방법

이 방법은 굳이 설명할 필요를 느끼지 못합니다. 매매할 때 주관적 판단으로 델타 헤지를 하는 것으로 초보들이 처음 전략매매를 할 때 흔히 이렇게 하고 싶은 충동을 느낍니다. 그러나 그 결과는 대부분 좋지 않게 끝납니다.

위 방법 중 첫 번째와 두 번째 방법은 서로 우열을 가리기가 어렵지만 첫 번째에 무게를 두고 두 번째 방법도 종종 활용합니다. 첫 번째 방법과 두 번째 방법의 장점만을 취한다는 의도이지만, 실전 매매에서는 두 방법의 단점만을 취하는 경우도 자주 발생하고 있습니다.

MEMO

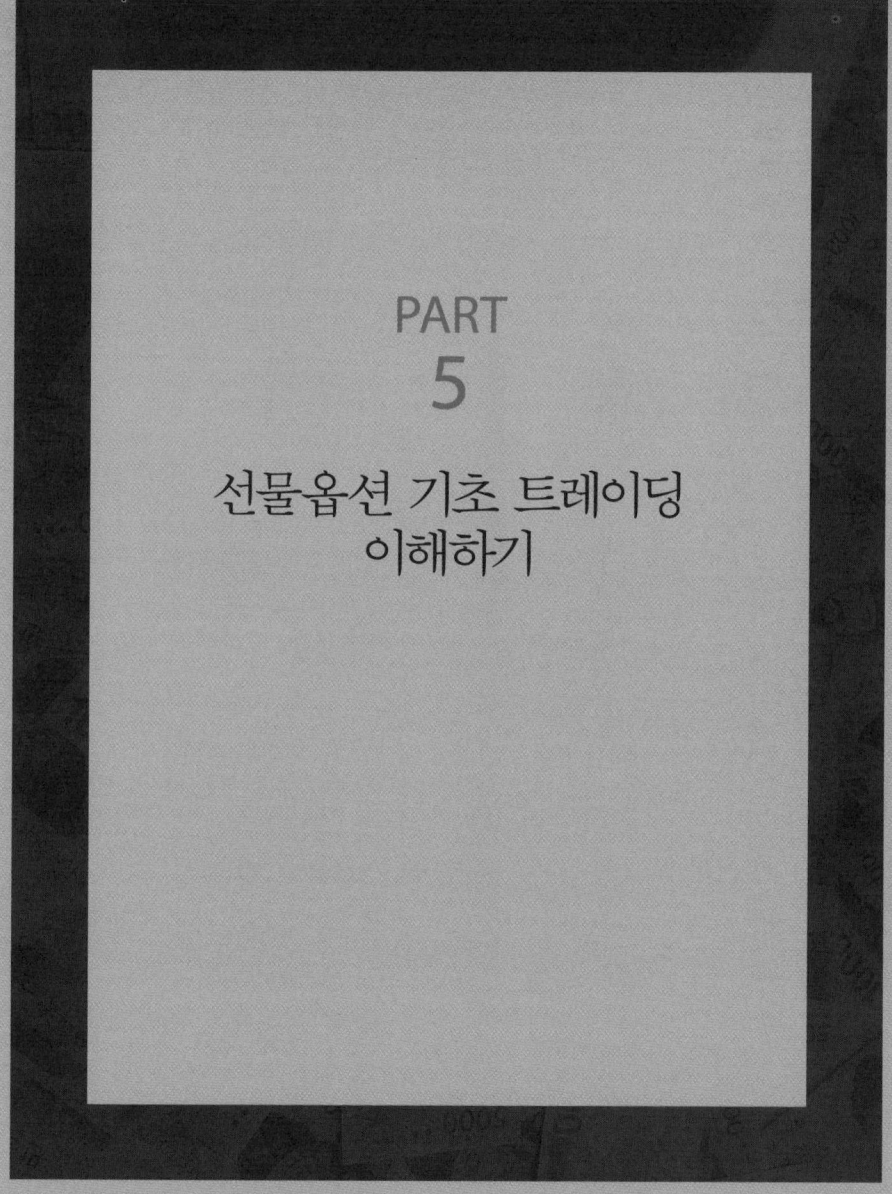

PART
5

선물옵션 기초 트레이딩
이해하기

본문의 내용은 KOSPI200 선물옵션 매매에 있어 기본이 되는 매매방법으로 2004년 저자의 논문
'KOSPI200 선물시장 및 옵션시장의 매매형태와 운영전략 연구'의 내용 중 일부입니다.
기초 매매전략에서 KOSPI200선물과 KOSPI200옵션을 가감하여 다양한 매매전략이 파생되므로 반드시
기본전략을 숙지하시기 바랍니다.

KOSPI200
선물옵션 트레이딩 바이블

61
선물 매수

〈 그림 1 - 1 〉 선물 매수

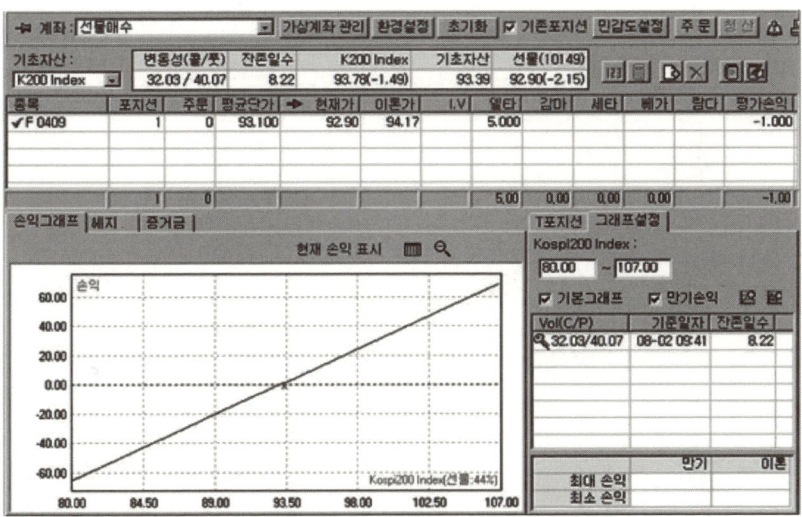

참고 : 동양종합금융증권 고수프로그램 활용 - 2004. KOSPI200 9월 선물(2004. 8. 2. 09:37)

가. 손익

- 이익 : 93.10 이상에서 비례^{무제한}하여 이익입니다.

          (1point = 50만 원)

- 손실 : 93.10 이하에서 비례^{무제한}하여 손실입니다.

나. 사용시기 : KOSPI200지수가 상승할 것으로 예상하는 경우 사용합니다.

62
선물 매도

〈 그림 1 – 2 〉 선물 매도

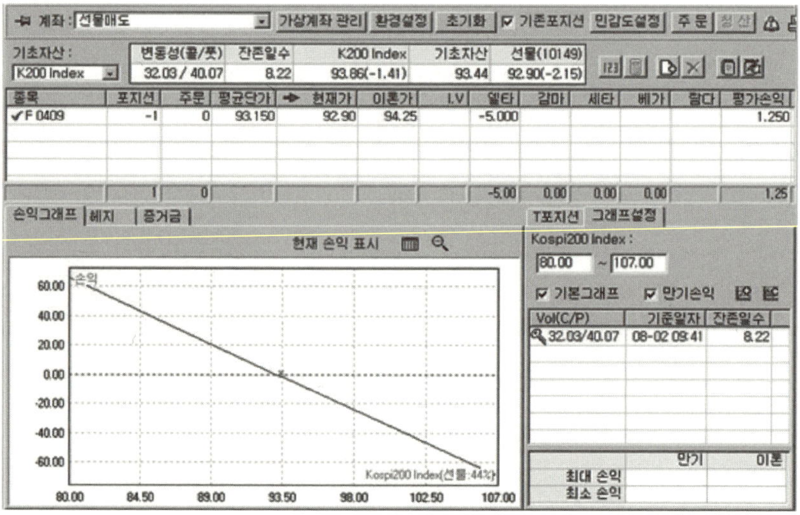

참고 : 동양종합금융증권 고수프로그램 활용 – 2004. KOSPI200 9월 선물(2004. 8. 2. 09:37)

가. 손익

　– 이익 : 93.15 이하에서 비례^{무제한}하여 이익입니다.

　　　　(1point = 50만 원)

　– 손실 : 93.15 이상에서 비례^{무제한}하여 손실입니다.

나. 사용시기 : KOSPI200지수가 하락할 것으로 예상하는 경우
　　　　　사용합니다.

63

콜옵션 매수

〈 그림 1 - 3 〉 콜옵션 매수

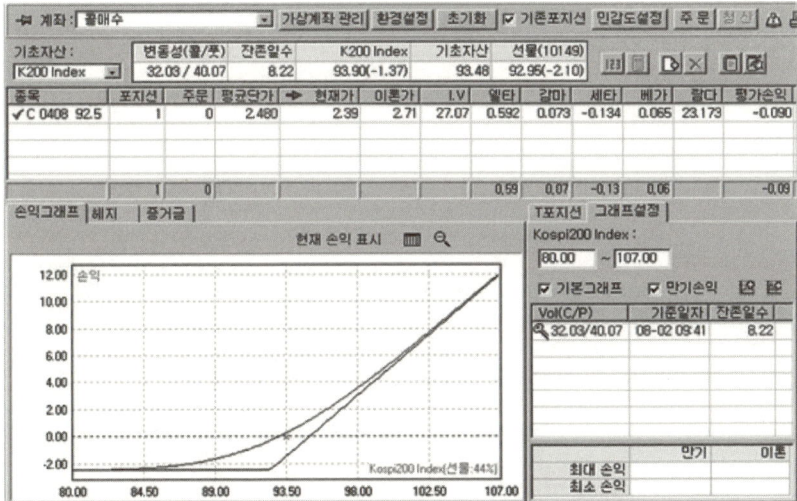

참고 : 동양종합금융증권 고수프로그램 활용 - 2004. KOSPI200 8월물 중 92.5 콜옵션(2004. 8. 2. 09:37)

가. 손익

- KOSPI200 만기 종가가 94.98 이상에서 마감하면 비례하여 이익
  이 발생합니다(1Point = 10만 원).

- KOSPI200 만기 종가가 94.98 이하에서 마감하면 최대 프리미엄
  (2.48)까지 손실이 발생합니다.

- 이익은 무제한이며 손실은 최대 프리미엄으로 제한됩니다.

나. 사용시기 : KOSPI200지수가 상승할 것으로 예상되는 경우^강 ^{세전략} 사용합니다. 가격하락의 위험을 한정시키면서 다른 어떤 전략보다도 큰 레버리지 효과를 거둘 수 있는 전략으로 예상 상승폭이 클수록 행사가격이 높은 콜옵션^{외가격옵션}을 매수합니다. 다.

MEMO

64

콜옵션 매도

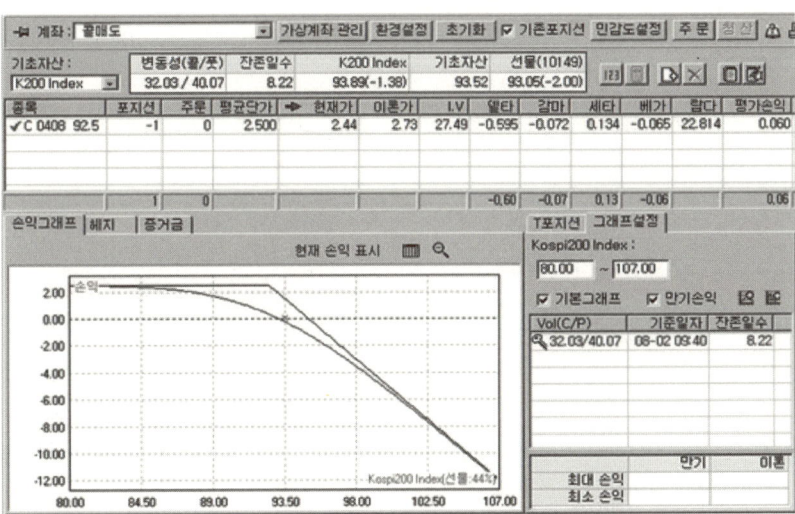

〈 그림 1 − 4 〉 콜옵션 매도

참고 : 동양종합금융증권 고수프로그램 활용 − 2004. KOSPI200 8월물 중 92.5 콜옵션(2004. 8. 2. 09:37)

가. 손익

— KOSPI200 만기 종가가 95.00 이상에서 마감하면 비례^{무제한}하여 손실이 발생합니다(1point = 10만원).

— KOSPI200 만기 종가가 95.00 이하에서 마감하면 최대 프리미엄 (2.50)까지 이익이 발생합니다.

— 이익은 최대 프리미엄이며 손실은 비례하여 무제한으로 발생됩니다.

나. 사용시기 : KOSPI200지수가 상승할 가능성이 아주 작다고 예상되는 경우^{약세전략} 사용합니다.

MEMO

65

풋옵션 매수

〈 그림 1 - 5 〉 풋옵션 매수

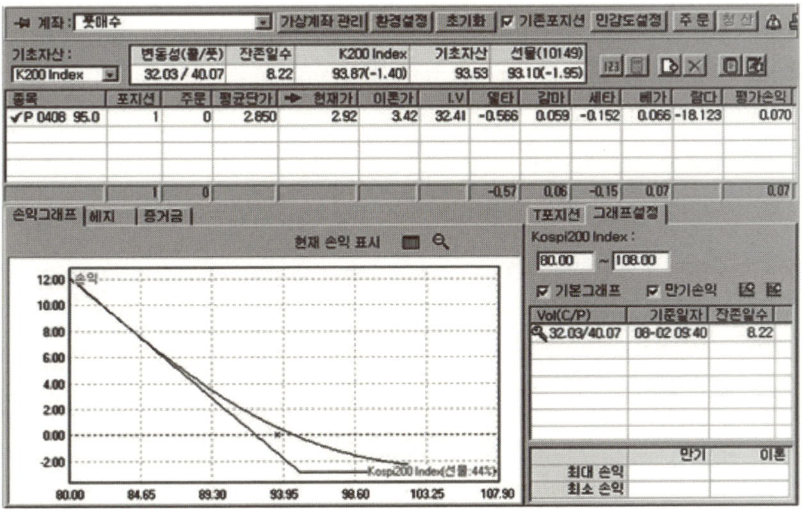

참고 : 동양종합금융증권 고수프로그램 활용 - 2004. KOSPI200 8월물 중 95 풋옵션(2004. 8. 2. 09:37)

가. 손익

- KOSPI200 만기 종가가 92.15 이하에서 마감하면 비례하여 이익
  이 발생합니다. (1point = 10만원).

- KOSPI200 만기 종가가 92.15 이상에서 마감하면 최대 프리미엄
  (2.85)까지 손실이 발생합니다.

- 이익은 무제한이며 손실은 최대 프리미엄으로 제한됩니다.

나. 사용시기 : KOSPI200지수가 하락할 것으로 예상되는 경우^약 ^{세전략} 사용합니다. 가격하락시 다른 어떤 전략보다도 큰 레버리지효과를 거둘 수 있는 전략으로 예상 하락폭이 클수록 행사가격이 낮은 풋옵션^{외가격옵션}을 매수합니다.

MEMO

66
풋옵션 매도

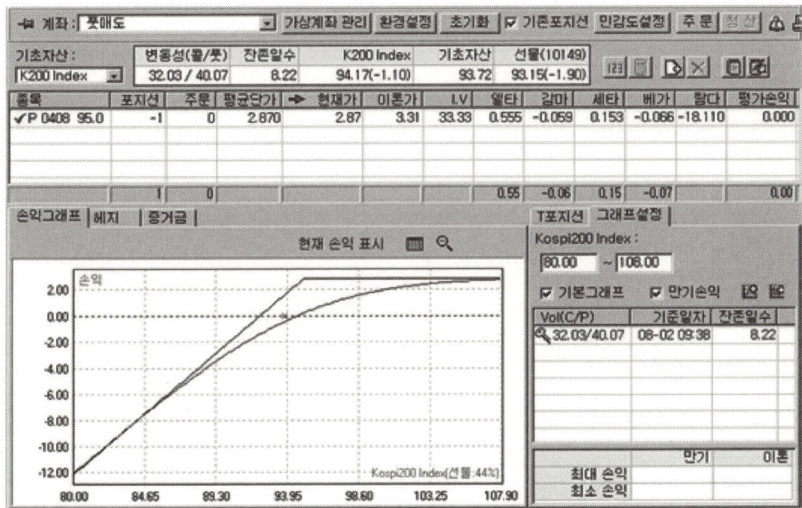

〈 그림 1 – 6 〉 풋옵션 매도

참고 : 동양종합금융증권 고수프로그램 활용 – 2004. KOSPI200 8월물 중 95풋옵션(2004. 8. 2. 09:37)

가. 손익

— KOSPI200 만기 종가가 92.13 이하에서 마감하면 비례^{무제한}하여
  손실이 발생합니다(1point = 10만원).

— KOSPI200 만기 종가가 92.13 이상에서 마감하면 최대 프리미엄
  (2.87)까지 이익이 발생합니다.

— 최대이익은 프리미엄이며 손실은 비례하여 무제한으로 발생됩니
  다.

나. 사용시기 : KOSPI200지수가 하락할 가능성이 아주 작다고 예상되는 경우^{강세전략} 사용합니다.

MEMO

67

수직적 강세 콜옵션 스프레드
− 행사가격이 낮은 콜매수, 높은 콜매도

〈 그림 1 − 7 〉 수직적 강세 콜옵션 스프레드

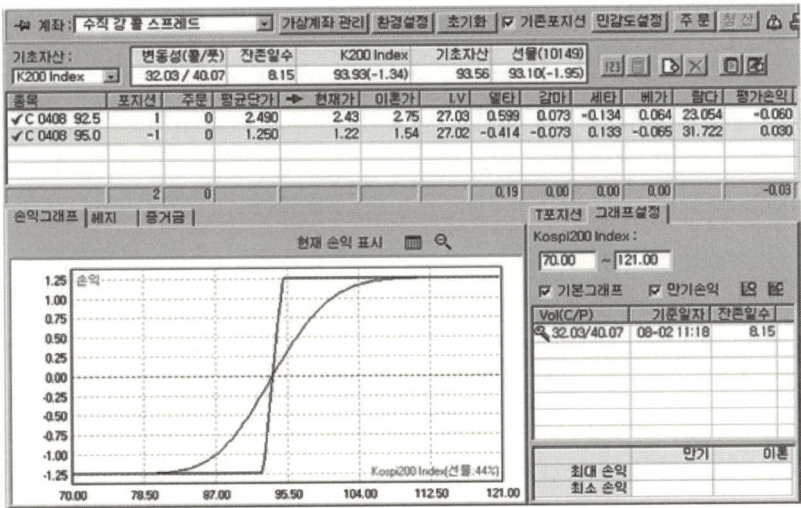

참고 : 동양종합금융증권 고수프로그램 활용 − 2004. KOSPI200 8월물 중 92.5, 95.0 콜옵션
(2004. 8. 2. 11:17)

가. 손익

− KOSPI200지수 만기 종가가 94.37 이상에서 마감하면 최대
1.25Point까지 이익이 발생합니다(1point = 10만원).

− KOSPI200지수 만기 종가가 94.37 이하에서 마감하면 최대
1.25Point까지 손실이 발생합니다.

− 손실과 이익이 제한됩니다.

나. 사용시기 : KOSPI200지수가 어느 정도 강세일 것으로 예상하나 확신이 서지 않을 경우 사용합니다.

MEMO

:::::::::

68

수직적 강세 풋옵션 스프레드
― 행사가격이 낮은 풋매수, 높은 풋매도

〈 그림 1 ― 8 〉 수직적 강세 풋옵션 스프레드

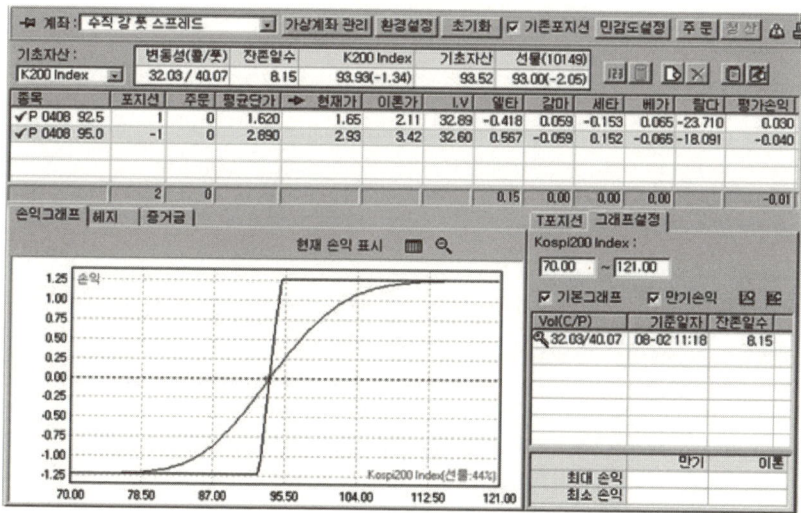

참고 : 동양종합금융증권 고수프로그램 활용 ― 2004. KOSPI200 8월물 중 92.5, 95.0 풋옵션
(2004. 8. 2. 11:17)

가. 손익

― KOSPI200지수 만기 종가가 94.385 이상에서 마감하면 최대
1.27Point까지 이익이 발생합니다(1point = 10만원).

― KOSPI200지수 만기 종가가 94.385 이하에서 마감하면 최대
1.23Point까지 손실이 발생합니다.

― 손실과 이익이 제한됩니다.

나. 사용시기 : KOSPI200지수가 어느 정도 강세일 것으로 예상하나 확신이 서지 않을 경우 사용합니다.

MEMO

69

수직적 약세 콜옵션 스프레드
― 행사가격이 낮은 콜매도, 높은 콜매수

〈 그림 1 ― 9 〉 수직적 약세 콜옵션 스프레드

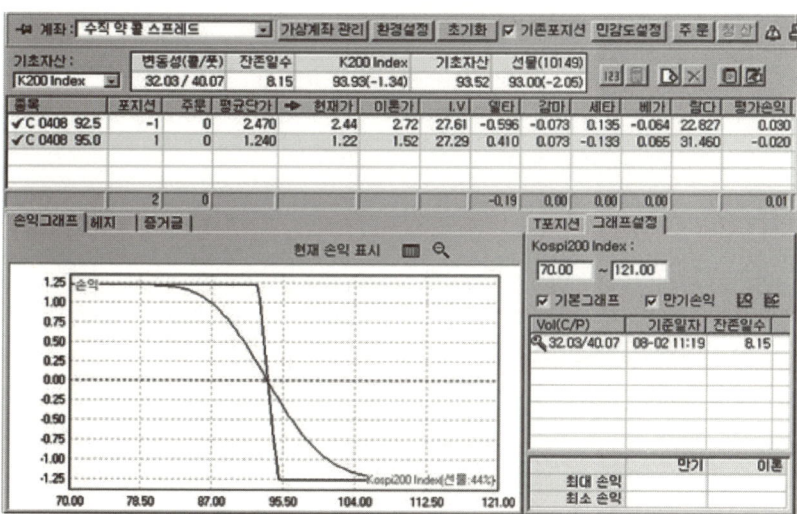

참고 : 동양종합금융증권 고수프로그램 활용 ― 2004. KOSPI200 8월물 중 92.5, 95.0 콜옵션
(2004. 8. 2. 11:17)

가. 손익

― KOSPI200지수 만기 종가가 93.135 이하에서 마감하면 최대
1.23Point까지 이익이 발생합니다(1point = 10만원).

― KOSPI200지수 만기 종가가 93.135 이상에서 마감하면 최대
1.27Point까지 손실이 발생합니다.

－ 손실과 이익이 제한됩니다.

나. 사용시기: KOSPI200지수가 어느 정도 약세일 것으로 예상하나 확신이 서지 않을 경우 사용합니다.

MEMO

70

수직적 약세 풋옵션 스프레드
― 행사가격이 낮은 풋매도, 높은 풋매수

〈 그림 1 - 10 〉 수직적 약세 풋옵션 스프레드

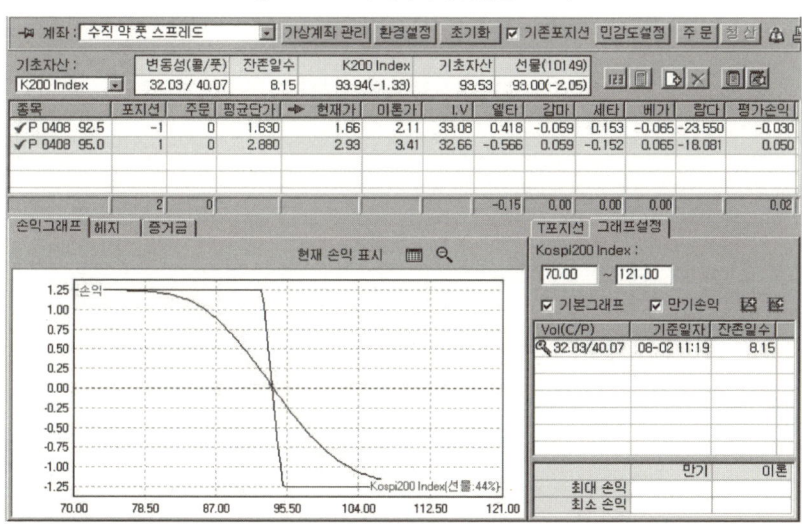

참고 : 동양종합금융증권 고수프로그램 활용 ― 2004. KOSPI200 8월물 중 92.5, 95.0 풋옵션(2004. 8. 2.
11:17)

가. 손익

― KOSPI200지수 만기 종가가 93.125 이하에서 마감하면 최대
1.25Point까지 이익이 발생합니다(1point = 10만원)

― KOSPI200지수 만기 종가가 93.125 이상에서 마감하면 최대
1.25Point까지 손실이 발생합니다.

– 손실과 이익이 제한됩니다.

나. 사용시기 : KOSPI200지수가 어느 정도 약세일 것으로 예상
하나 확신이 서지 않을 경우 사용합니다.

MEMO

71

스트래들 매수

〈 그림 1 - 11 〉 스트래들 매수

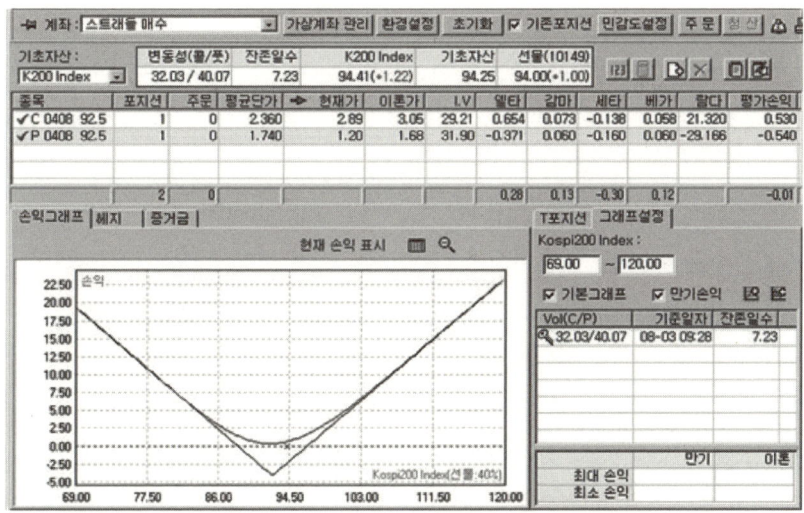

참고 : 동양종합금융증권 고수프로그램 활용 - 2004. KOSPI200 8월물 중 92.5 콜옵션, 92.5 풋옵션
(2004. 8. 2. 13:06)

가. 손익

- KOSPI200지수 만기 종가가 88.40 이하 또는 96.60 이상에서 마
  감하면 비례^{무한대}하여 이익이 발생합니다.(1point = 10만원)

- KOSPI200지수 만기 종가가 88.40에서 96.60 사이에 마감하면
  최대 콜옵션과 풋옵션의 프리미엄의 합(92.5에서 4.09Point)까지
  손실이 발생합니다.

– 손실은 제한되나 이익은 무제한입니다.

나. 사용시기 : KOSPI200지수가 방향에 관계없이 크게 변동할 것이라고 예상되는 경우 사용합니다.

MEMO

72

스트래들 매도

〈 그림 1 - 12 〉 스트래들 매도

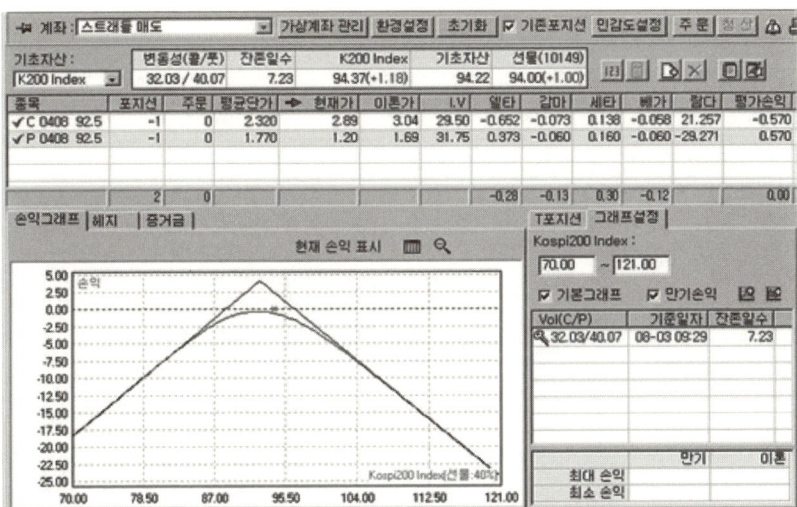

참고 : 동양종합금융증권 고수프로그램 활용 - 2004. KOSPI200 8월물 중 92.5 콜옵션, 92.5 풋옵션
(2004. 8. 2. 13:06)

가. 손익

- KOSPI200지수 만기 종가가 88.41 이하 또는 96.59 이상에서 마
  감하면 비례^{무한대}하여 손실이 발생합니다(1point = 10만원).

- KOSPI200지수 만기 종가가 88.41에서 96.59 사이에 마감하면 최
  대 콜옵션과 풋옵션의 프리미엄의 합(92.5에서 4.1point)까지 이
  익이 발생합니다.

– 손실은 무제한이나 이익은 제한됩니다.

나. 사용시기 : KOSPI200지수가 방향에 관계없이 크게 변동하지 않을 것이라고 예상되는 경우 사용합니다.

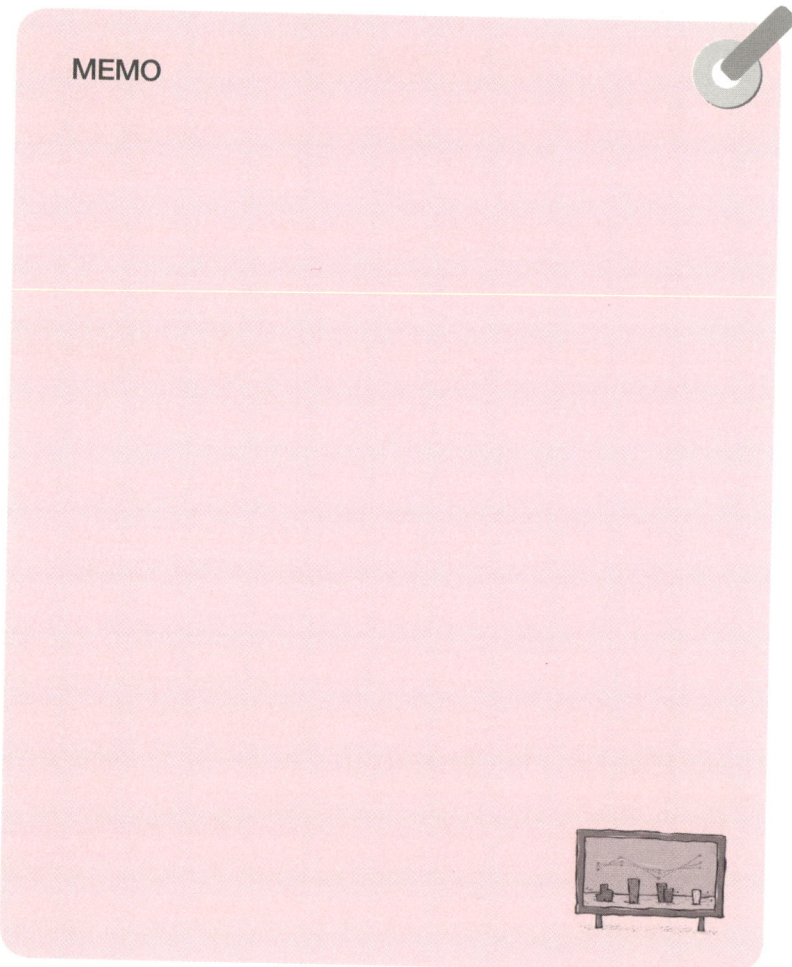

MEMO

::::::::
::::::::

73
스트랭글 매수

〈 그림 1 – 13 〉 스트랭글 매수

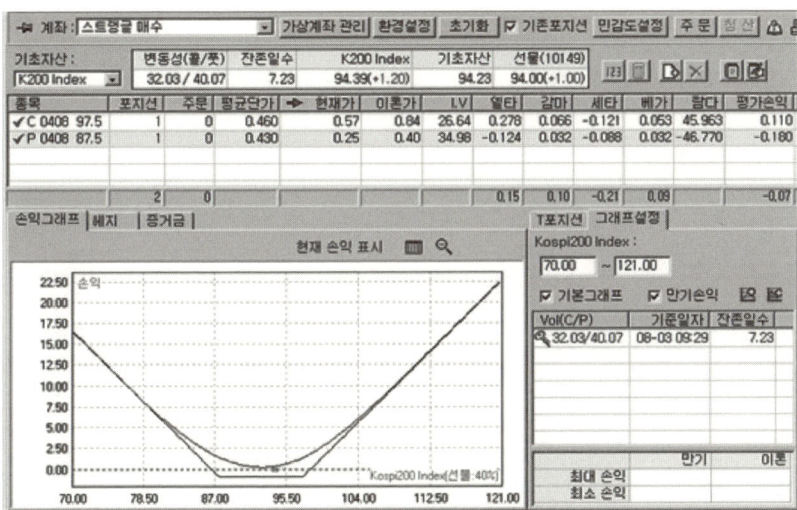

참고 : 동양종합금융증권 고수프로그램 활용 – 2004. KOSPI200 8월물 중 97.5 콜옵션, 87.5 풋옵션
(2004. 8. 2. 13:06)

가. 손익

− KOSPI200지수 만기 종가가 86.61 이하 또는 98.39 이상에서 마
감하면 비례^{무한대} 하여 이익이 발생합니다(1point = 10만원).

− KOSPI200지수 만기 종가가 86.61에서 98.39 사이에 마감하면 최
대 콜옵션과 풋옵션의 프리미엄의 합(0.89)까지 손실이 발생합니
다.

－ 손실은 제한되나 이익은 무제한입니다.

나. 사용시기 : KOSPI200지수가 방향에 관계없이 크게 변동할
  것이라고 예상되는 경우 사용하며 스트래들 매수 보다 지수
  변동성이 더 커야 이익이 발생하지만, 지수변동성이 예상보다
  작을 경우에는 스트래들보다 최대손실폭이 작습니다.

MEMO

74
스트랭글 매도

〈 그림 1 – 14 〉 스트랭글 매도

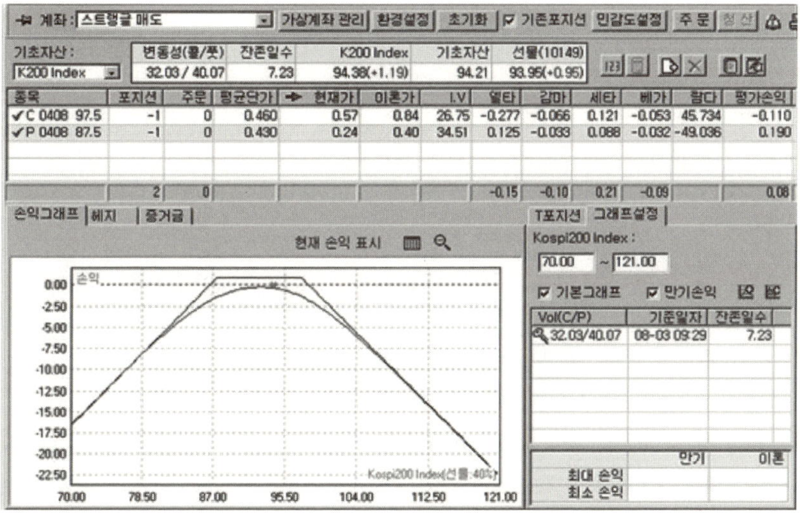

참고 : 동양종합금융증권 고수프로그램 활용 – 2004. KOSPI200 8월물 중 97.5 콜옵션, 87.5 풋옵션
(2004. 8. 2. 13:06)

가. 손익

- KOSPI200지수 만기 종가가 86.61 이하 또는 98.39 이상에서 마감하면 비례^{무한대} 하여 손실이 발생합니다(1point = 10만원).

- KOSPI200지수 만기 종가가 86.61에서 98.39 사이에 마감하면 최대 콜옵션과 풋옵션의 프리미엄의 합(0.89Point)까지 이익이 발생합니다.

– 손실은 무제한이나 이익은 제한됩니다.

나. 사용시기 : KOSPI200지수가 방향에 관계없이 크게 변동하
지 않을 것이라고 예상되는 경우 사용하며 스트래들 매도보
다 이익을 얻을 확률은 높지만 최대이익폭은 작습니다.

MEMO

75
버터플라이

〈 그림 1 – 15 〉 버터플라이 매수(반대 포지션 – 버터플라이 매도)

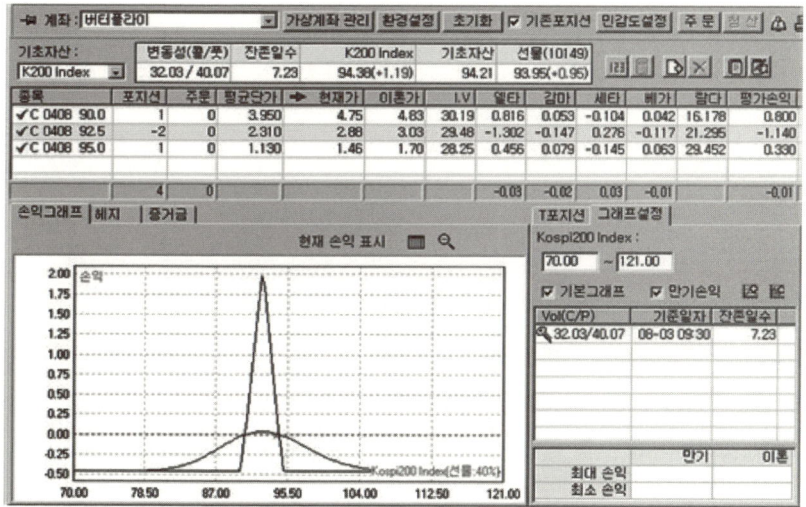

참고 : 동양종합금융증권 고수프로그램 활용 – 2004. KOSPI200 8월물 중 90.0, 92.5, 95.0 콜옵션
 (2004. 8. 2. 13:07)

가. 손익

- KOSPI200지수 만기 종가가 90.46 이하 또는 94.54 이상에서 마
 감하면 0.46Point의 손실이 발생합니다(1point = 10만원).

- KOSPI200지수 만기 종가가 90.46에서 94.54 사이에 마감하면 최
 대 2.04Point)까지 이익이 발생합니다.

- 손실과 이익이 제한됩니다.

나. 사용시기 : KOSPI200지수가 크게 변동하지 않을 것이라고
    예상되는 경우 사용하며 스트래들·스트랭글 매도와의 차이
    점은 손실이 제한된다는 것입니다.

MEMO

76
스트랩

〈 그림 1 – 16 〉 스트랩

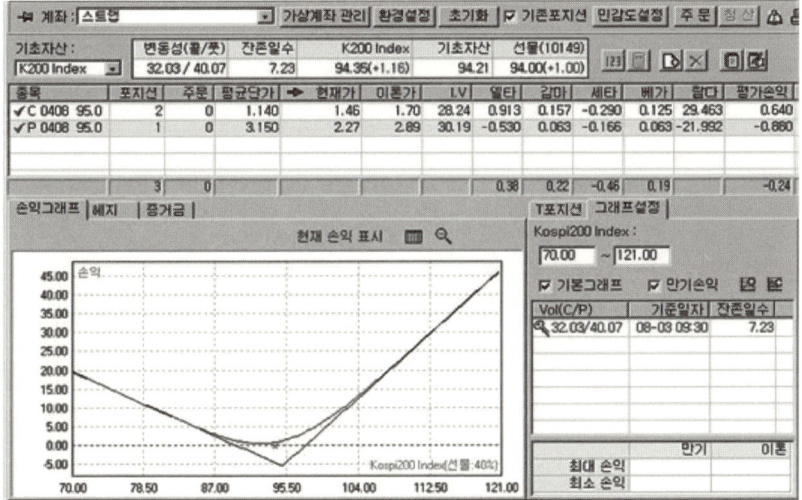

참고 : 동양종합금융증권 고수프로그램 활용 – 2004. KOSPI200 8월물 중 95.0 콜옵션, 95.0 풋옵션
(2004. 8. 2. 13:08)

가. 손익

– KOSPI200지수 만기 종가가 89.57 이하 또는 97.71 이상에서 마
   감하면 비례[무한대]하여 이익이 발생합니다(1point = 10만원).

– KOSPI200지수 만기 종가가 89.57에서 97.71 사이에 마감하면 최
   대 5.43Point까지 손실이 발생합니다.

– 손실은 제한되나 이익은 무제한입니다.

나. 사용시기 : KOSPI200지수가 방향에 관계없이 크게 변동할 것이라고 예상하지만, 상승할 확률이 더 크다고 생각될 경우 사용하는 전략입니다.

MEMO

77
스트립

〈 그림 1 – 17 〉 스트립

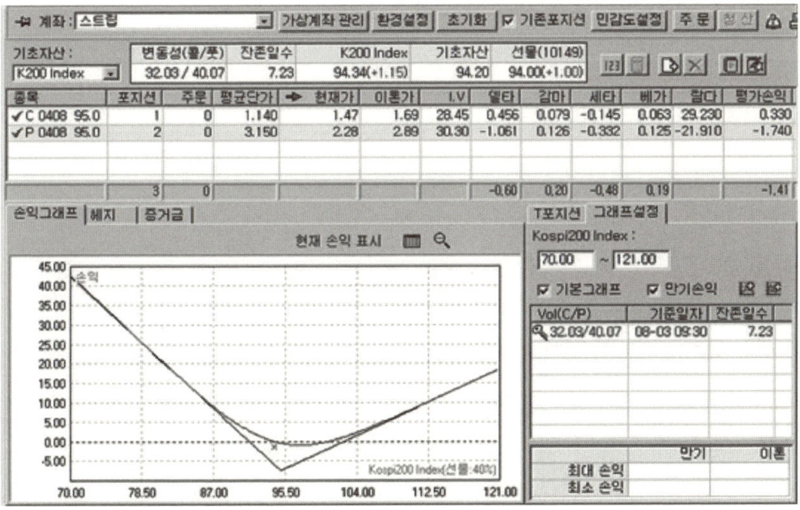

계좌 : 스트립
가상계좌 관리
환경설정
초기화
기존포지션
민감도설정
주 문
청 산
기초자산 :
K200 Index
변동성(콜/풋)
32.03 / 40.07
잔존일수
7.23
K200 Index
94.34(+1.15)
기초자산
94.20
선물(10149)
94.00(+1.00)
종목
포지션
주문
평균단가
현재가
이론가
I.V
델타
감마
세타
베가
람다
평가손익
C 0408 95.0 1 0 1.140 1.47 1.69 28.45 0.456 0.079 -0.145 0.063 29.230 0.330
P 0408 95.0 2 0 3.150 2.28 2.89 30.30 -1.061 0.126 -0.332 0.125 -21.910 -1.740
3 0 -0.60 0.20 -0.48 0.19 -1.41
손익그래프
헤지
증거금
현재 손익 표시
T포지션
그래프설정
Kospi200 Index :
70.00 ~ 121.00
기본그래프
만기손익
Vol(C/P)
기준일자
잔존일수
32.03/40.07 08-03 09:30 7.23
만기
이론
최대 손익
최소 손익
손익
Kospi200 Index(선물 40%)
45.00
40.00
35.00
30.00
25.00
20.00
15.00
10.00
5.00
0.00
-5.00
70.00
78.50
87.00
95.50
104.00
112.50
121.00

참고 : 동양종합금융증권 고수프로그램 활용 – 2004. KOSPI200 8월물 중 95.0 콜옵션, 95.0 풋옵션 (2004. 8. 2. 13:08)

가. 손익

– KOSPI200지수 만기 종가가 89.84 이하 또는 102.44 이상에서 마감하면 비례무한대하여 이익이 발생합니다(1point = 10만원).

– KOSPI200지수 만기 종가가 89.84에서 102.44 사이에 마감하면 최대 7.44point까지 손실이 발생합니다.

– 손실은 제한되나 이익은 무제한입니다.

나. 사용시기 : KOSPI200지수가 방향에 관계없이 크게 변동할 것이라고 예상하지만, 하락할 확률이 더 크다고 생각될 경우 사용하는 전략입니다.

MEMO

....
....

78
방어풋

〈 그림 1 - 18 〉 방어풋

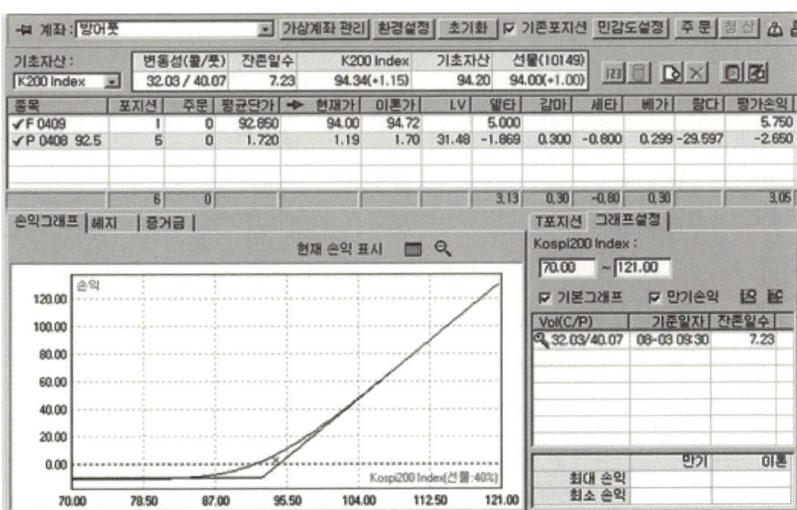

참고 : 동양종합금융증권 고수프로그램 활용 – 2004. KOSPI200 8월물 중 92.5 풋옵션,
　　　KOSPI200 9월 선물(2004. 8. 2. 13:11)

가. 손익

－ KOSPI200지수 만기 종가가 93.71 이상에서 마감하면 비례^{무한대}
　하여 이익이 발생합니다.

－ KOSPI200지수 만기 종가가 93.71 이하에서 마감하면 최대 1백
　3만 5천원까지 손실이 발생합니다. ^{지불한 프리미엄으로 제한}

－ 손실은 제한되나 이익은 무제한입니다.

나. 사용시기 : KOSPI200지수가 크게 상승할 것이라고 예상하지만, 하락할 확률에 대한 위험을 풋옵션으로 제한하는 전략입니다.

MEMO

79

보증콜

〈 그림 1 – 19 〉 보증콜

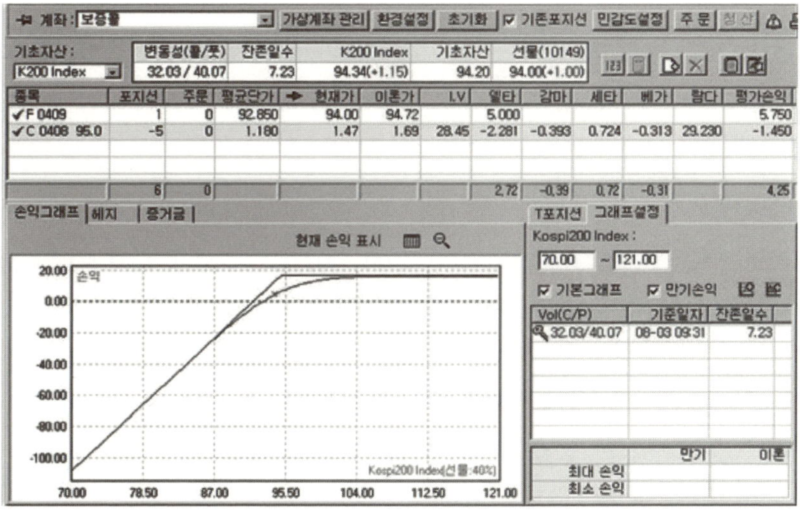

| 🖳 계좌 : 보증콜 | ▼ | 가상계좌 관리 | 환경설정 | 초기화 | ☑ 기존포지션 | 민감도설정 | 주문 | 청산 | ⚠ |

기초자산 :	변동성(콜/풋)	잔존일수	K200 index	기초자산	선물(10149)
K200 index ▼	32.03 / 40.07	7.23	94.34(+1.15)	94.20	94.00(+1.00)

종목	포지션	주문	평균단가	➡	현재가	이론가	LV	일타	감마	세타	베가	팔다	평가손익
✔ F 0409	1	0	92.850		94.00	94.72		5.000					5.750
✔ C 0408 95.0	-5	0	1.180		1.47	1.69	28.45	-2.281	-0.393	0.724	-0.313	29.230	-1.450
	6	0						2.72	-0.39	0.72	-0.31		4.25

손익그래프 | 헤지 | 증거금

현재 손익 표시

손익

20.00
0.00
-20.00
-40.00
-60.00
-80.00
-100.00

Kospi200 Index(선물 : 40%)

70.00 78.50 87.00 95.50 104.00 112.50 121.00

T포지션 그래프설정

Kospi200 Index :
70.00 ~ 121.00

☑ 기본그래프   ☑ 만기손익

Vol(C/P)	기준일자	잔존일수
32.03/40.07	08-03 09:31	7.23

	만기	이론
최대 손익		
최소 손익		

참고 : 동양종합금융증권 고수프로그램 활용 — 2004. KOSPI200 8월물 중 95.0 콜옵션,
KOSPI200 9월 선물(2004. 8. 2. 13:11)

가. 손익

- KOSPI200지수 만기 종가가 91.67 이상에서 마감하면 최대
  1,665,000원의 이익이 발생합니다.

- KOSPI200지수 만기 종가가 91.67 이하에서 마감하면 비례하여
  손실(무제한)이 발생합니다.

- 손실은 무제한이나 이익은 제한됩니다.

나. 사용시기 : KOSPI200지수가 보합 또는 약 상승할 것이라고
예상할 때, 프리미엄 수입으로 자산운용수익률의 증가를 도
모하기 위한 경우 사용하는 전략입니다.

MEMO

80

수평 스프레드 매수

시간 스프레드는 행사가격을 비롯한 다른 조건은 같지만, 만기는 서로 다른 옵션을 하나는 매수하고 다른 하나는 매도하는 전략입니다. 시간 스프레드는 행사가격이 같으므로 두 옵션의 행사가치는 같으나 만기는 서로 다르기 때문에, 시간가치는 차이가 생기게 됩니다.

따라서 시간스프레드는 이러한 시간가치의 변화를 이용하여 수익을 얻고자 하는 투자전략입니다. 옵션의 시간가치는 만기가 가까워질수록 그 가치가 상대적으로 급속히 감소되기 때문에 일반적으로 근월물 옵션을 매도하고 원월물 옵션을 매수합니다.

ATM옵션은 시간가치가 가장 높은 옵션이므로 보합세에서는 ATM옵션을 이용합니다. 수직 스프레드와 달리 수평 스프레드는 두 개의 옵션을 모두 만기시까지 보유할 수가 없게 됩니다. 따라서, 수평 스프레드는 명확한 손익 관계를 예측하기가 수직 스프레드보다 더 어렵습니다.

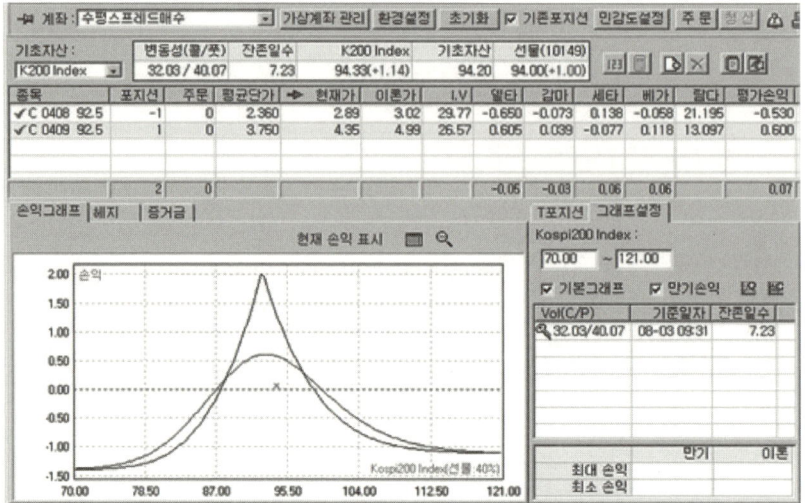

〈 그림 1 - 20 〉 수평스프레드 매수

참고 : 동양종합금융증권 고수프로그램 활용 - 2004. KOSPI200 8월물 중 92.5 콜옵션, KOSPI200 9월
물 중 92.5 콜옵션(2004. 8. 2. 13:13)

가. 일반적으로 옵션 기준물의 가격변동이 크지 않을 경우에 사용
합니다.

나. 원월물 옵션을 매수하고 근월물 옵션을 매도합니다.

########

81

수평 스프레드 매도

〈 그림 1 - 21 〉 수평 스프레드 매도

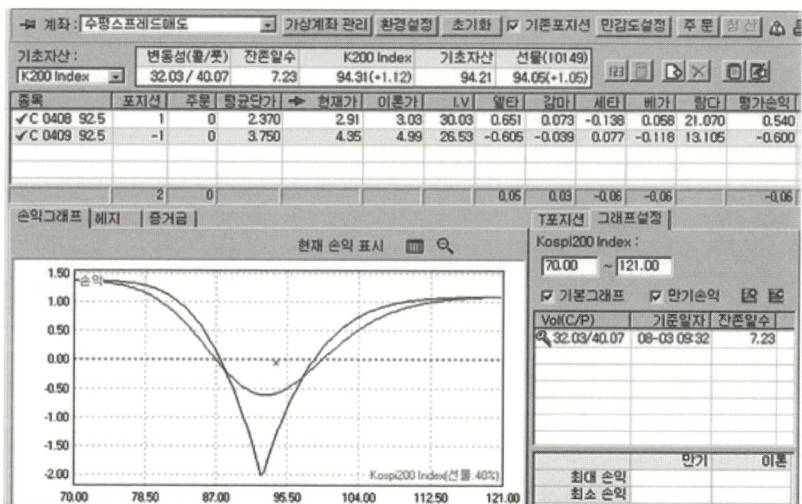

참고 : 동양종합금융증권 고수프로그램 활용 - 2004. KOSPI200 8월물 중 92.5 콜옵션, KOSPI200
9월물 중 92.5 콜옵션(2004. 8. 2. 13:13)

가. 일반적으로 옵션 기준물의 가격변동이 클 경우에 사용합니다.

나. 원월물 옵션을 매도하고 근월물 옵션을 매수합니다.

82
컨버전

〈 그림 1 - 22 〉 컨버전

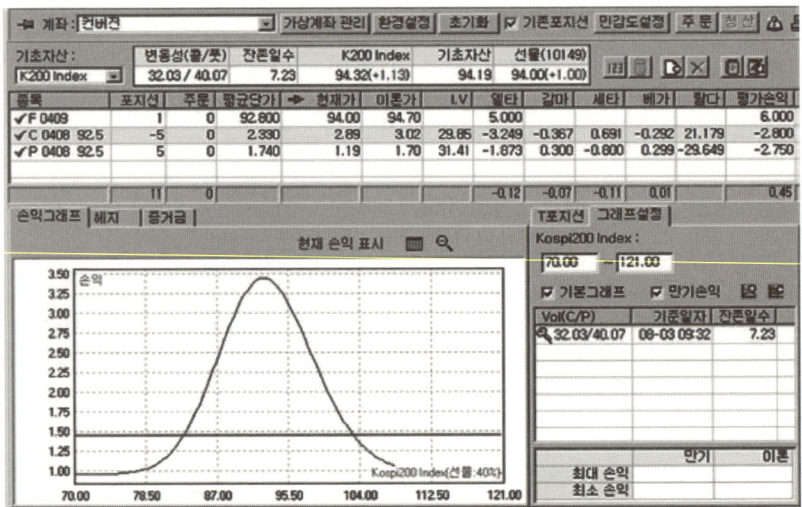

참고 : 동양종합금융증권 고수프로그램 활용 - 2004. KOSPI200 8월물 중 92.5 콜 · 풋옵션, KOSPI200 9월
선물(2004. 8. 2. 13:15)

가. 손익

― KOSPI200지수 만기 종가가 어느 지점에서 마감하든지 145,000
원의 고정이익이 발생합니다. 그러나 만기일이 다른 월물을 이용
할 경우 가격의 괴리가 있을 수 있으므로 만기가 동일한 선물과
옵션을 이용한다. 고평가되어 있는 합성 선물을 매도(콜옵션 5계
약 매도 + 풋옵션 5계약 매수)하고 저평가되어 있는 선물을 1계

약 매수하는 전략이다.

나. 사용시기 : KOSPI200 선물이 합성선물보다 저평가된 경우
사용하는 전략이다.

MEMO

:::::::::::

83
리버설

〈 그림 1 – 23 〉 리버설

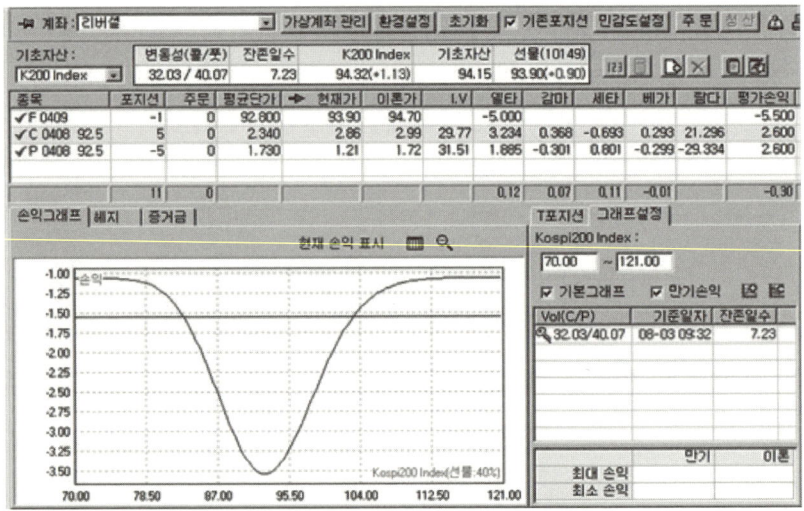

참고 : 동양종합금융증권 고수프로그램 활용 – 2004. KOSPI200 8월물 중 92.5 콜 · 풋옵션, KOSPI200 9월
선물(2004. 8. 2. 13:15)

가. 손익

– KOSPI200지수 만기 종가가 어느 지점에서 마감하던지 155,000
원의 고정손실이 발생한다. 그러나 만기일이 다른 월물을 이용할
경우 가격의 괴리가 있을 수 있으므로 만기가 동일한 선물과 옵
션을 이용한다. 저평가되어 있는 합성 선물을 매수(콜옵션 5계약
매수 + 풋옵션 5계약 매도)하고 고평가되어 있는 선물을 1계약

매도하는 전략이다.

나. 사용시기 : KOSPI200 선물이 합성선물보다 고평가된 경우
　사용하는 전략이다.

MEMO

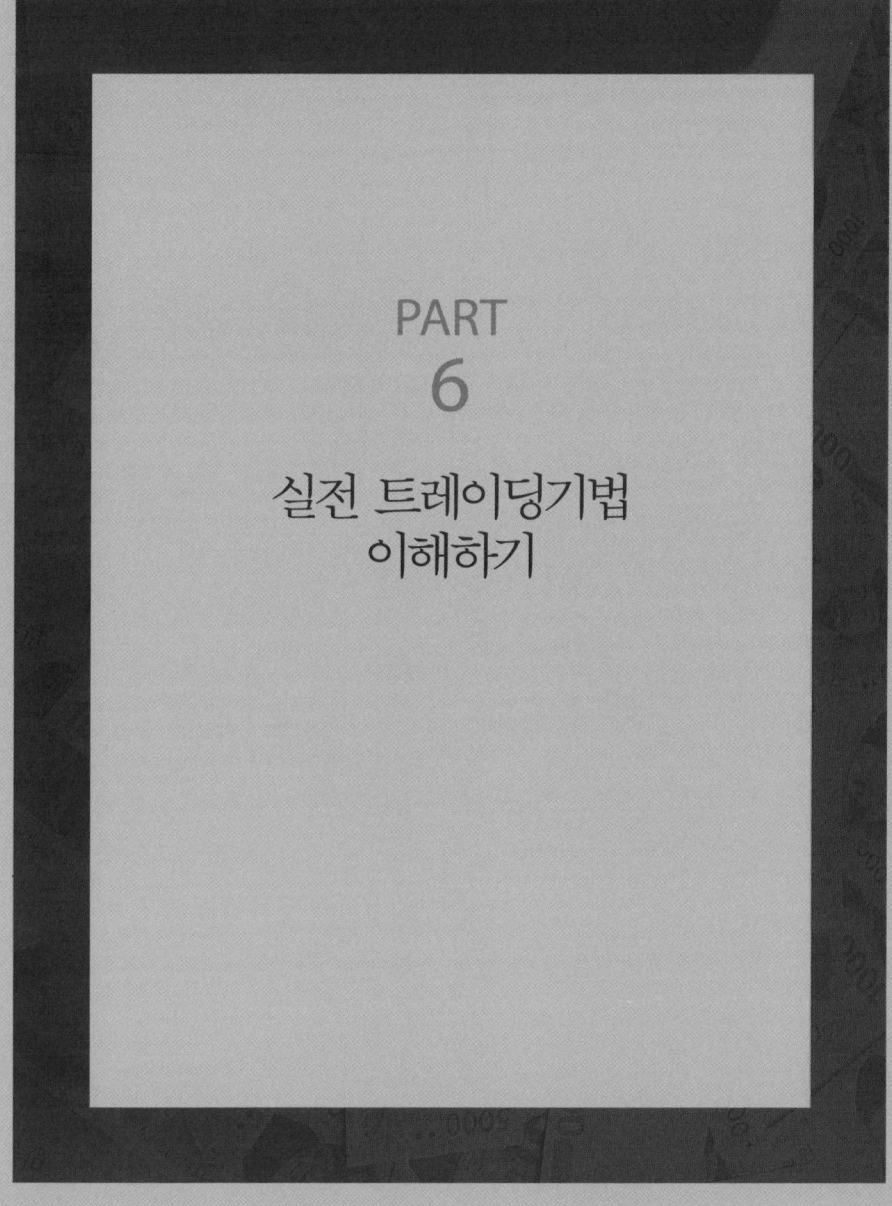

PART
6

실전 트레이딩기법
이해하기

본문의 내용은 저자가 14년째 KOSPI200 선물옵션을 매매하면서 증권회사 딜러들과 외국인들의 매매방법을 연구하여 개인투자자분들이 KOSPI200 선물옵션 시장에서 패하지 않고 매매할 수 있도록 연구한 전략 중에 가장 유효한 전략만을 엄선한 것입니다. 주별로 활용하는 전략은 유사하지만 매매일수 경과와 변동성에 따라 행사가격과 수량을 달리할 수 있습니다,

또한, 시장에서 생존하려면 가급적 적은 거래를 하시기 바라며 목표수익과 손절매 등의 원칙을 세우시고 반드시 예측이 아닌 원칙으로 기계적으로 매매하시기 바랍니다. 탐욕과 공포를 극복한 투자자만이 성공하실 수 있습니다.

KOSPI200
선물옵션 트레이딩 바이블

84

자금력과 투자자 성향에 따른 매매방법

스켈퍼는 대부분의 개인투자자들로서 자금력이 떨어지는 1,500만 원 이하의 소액투자자들이 대부분입니다. 이들의 매매형태는 미 증시 상승 시 외가격 콜옵션 매수하거나 미 증시 하락 시 외가격 풋옵션 매수하는 매매와 외가격 양매수하는 매매를 선호합니다. 이유는 옵션매도 시 각 증권사의 편향증거금제도에 따라 매도를 전체 자산의 1/10 정도밖에 진입하지 못하기 때문입니다. 대부분 외가격 옵션거래를 하며 하루에 적게는 수십 번에서 많게는 수백 번의 거래를 합니다. 일 거래횟수 10회 이상을 스켈퍼라고 볼 수 있으며 이들의 투자방식은 최종 깡통으로 갈 가능성이 큽니다.

많은 거래에 따른 비용의 증가와 잦은 매매에 따른 투자판단의 오류와 실수로 인해 한두 번 수익이 났어도 수익을 챙기지 못하고 손실 시 물타기 하거나 오버나잇 등으로 연결되어 결국 손실이 발생하는 경우가 다반사입니다.

선물옵션매매에 있어 기관과 외국인이 아닌 이상 스켈퍼는 카지노 시장처럼 결국 0에 수렴하게 되어 있으므로 스켈퍼로 거래하지 않는 것이 돈버는 것이라는 걸 명심하세요. 스켈핑을 하는 개인투자자들의 수익목표는 대부분 데이트레이더는 대부분 자산이 일정부분 뒷받침되는 전업투자자들로서 시장 경험이 많은 투자자들이 대부분이며 이들의 매매형태는 선물옵션을 합성하거나 옵션을 전략적으로 합성하는 매매를 구사합니다.

커버드콜, 양매도, 비율 스프레드, 백 스프레드, 베어 스프레드, 버터플라이 등등 대부분 방향성 매매가 아닌 변동성 매매를 합니다. 이들의 투자자산은 대부분 3,000만 원에서 1억 정도이며 일 거래횟수는 10회 이하입니다. 이들은 자산규모에 따라 일, 주, 월 목표 손익과 손절매 가격이 원칙으로 정해져 있으며 나름 시장에서 경험한 원칙과 규칙을 반드시 지키려 노력합니다.

시장이 어렵거나 보이지 않을 경우 매매를 하지 않습니다. 자산의 5% 정도를 월 목표로 합니다.

포지션트레이더는 거액의 자산가들로 파생시장에서 5년 이상 생존한 베테랑들로 데이트레이더와 비슷한 매매형태를 보이나 거래 부분에 있어 매매횟수가 매우 적습니다. 보통 하루 2회 정도의 포지션 조정과 청산 등을 하며 대부분 선물과 옵션을 합성하는 전략매매를 구사합니다. 변형합성선물매매, 시걸전략, 버터플라이, 비율 스프레드 등 방향성이 아닌 변동성을 이용한 매매를 하며 오버나잇을 통해 옵션의 시간가치 하락을 이용하여 수익을 얻습니다.

그러나 최근 들어 시장 변동성이 확대되어 대부분 오버나잇 매매는

하지 않습니다. 자산의 2~3%를 월 목표로 합니다.

경험적으로 보았을 때 결국 스켈퍼는 깡통으로 갈 가능성이 크며 이들은 거래하지 않는 것이 돈 버는 것이라 생각합니다. 데이트레이더와 포지션트레이더가 가장 승산이 있지만, 개인적으로 변동성이 확대되는 시장 상황을 고려했을 때 데이트레이더가 가장 승산이 있다고 생각합니다.

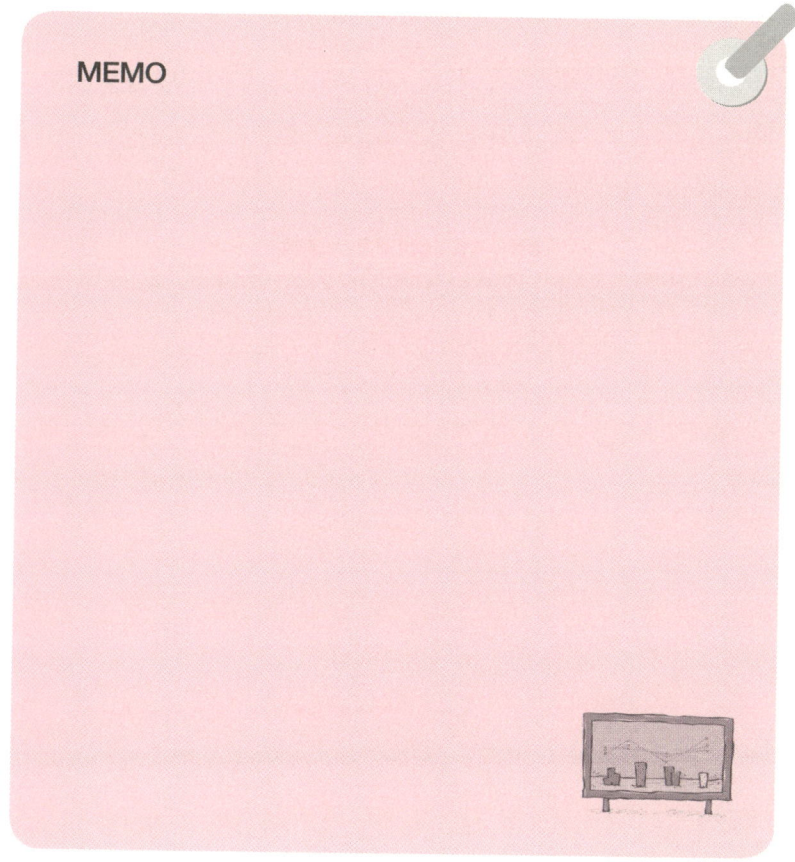

MEMO

85
주별시나리오 매매전략 1주차

앞장에서 설명드린 바와 같이 스켈퍼는 승산이 없기 때문에 주별 시나리오의 대부분의 전략은 데이트레이더와 포지션트레이더에게 유용한 매매전략입니다. 시나리오 전략의 진입시점은 장 개시 후 최소 30분에서 1시간가량 시장의 움직임을 파악하고 투자 주체별 포지션을 체크하며 전일 또는 동시호가의 옵션변동성 괴리가 정상적으로 돌아왔을 때 매매를 시작합니다.

콜옵션과 풋옵션의 변동성 스프레드

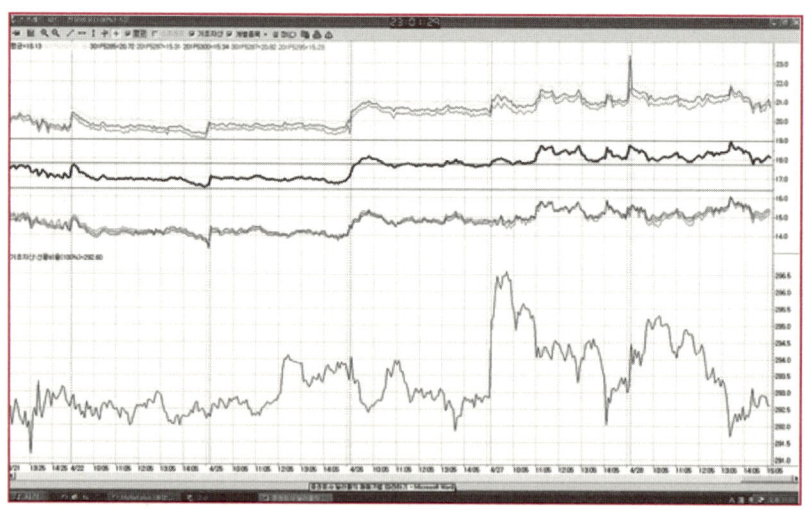

최근월물의 옵션변동성 상단과 하단에 저항선과 지지선을 작성해 놓으면 옵션 변동성의 흐름을 쉽게 파악할 수 있습니다.

KOSPI200 선물옵션 트레이딩 바이블

●옵션 변동성 하락 후 상승 시 전략 스프레드 매수 또는 스트랭글 매수

콜스프레드 매수

두 개의 동일월물 콜옵션으로 구사하는 전략으로 콜등가격옵션은 매수하고 콜외가격옵션은 매도하는 방법입니다. ^{비율은 수량으로 1대 1}

옵션변동성이 당일 바닥 부근이나 저점 부근에서 상승 방향에 베팅하는 전략으로 콜옵션 가격이 전일 대비 50% 이상 하락했을 때 신뢰도가 높습니다.

옵션가격이 전일 대비 50% 이상 하락했을 때 이 전략으로 매매하면 선물이 예측 방향과 반대방향으로 움직여도 옵션의 가격에는 크게 영향을 미치지 않습니다. 자금력이 적은 개인투자자에게 유용한 전략입니다.

풋스프레드 매수

　두 개의 동일월물 풋옵션으로 구사하는 전략으로 풋등가격옵션은 매수하고 풋외가격옵션은 매도하는 방법입니다. ^{비율은 수량으로 1대 1}

　옵션변동성이 당일 바닥 부근이나 저점 부근에서 하락 방향에 베팅하는 전략으로 풋옵션 가격이 전일 대비 50% 이상 하락했을 때 신뢰도가 높습니다.

　옵션가격이 전일 대비 50% 이상 하락했을 때 이 전략으로 매매하면 선물이 예측 방향과 반대방향으로 움직여도 옵션의 가격에는 크게 영향을 미치지 않습니다. 이 전략 역시 자금력이 적은 개인투자자에게 유용한 전략입니다.

스트랭글 매수

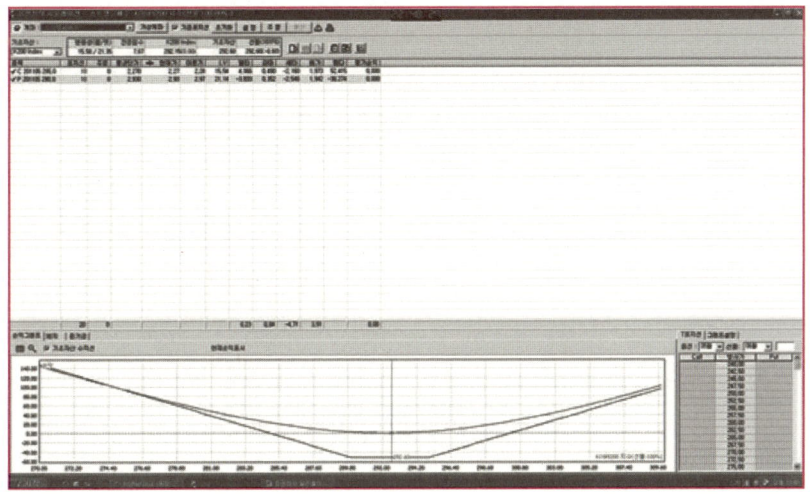

　동일월물의 콜옵션과 풋옵션으로 구사하는 전략으로 콜등가격옵션과 풋등가격옵션을 양매수하는 방법입니다. _{비율은 수량으로 1대 1}

　옵션변동성이 당일 바닥 부근이나 저점 부근에서 어느 한방향으로 크게 움직일 것으로 예상될 때 베팅하는 전략으로 콜·풋옵션 가격이 전일 대비 30% 이상 하락했을 때 신뢰도가 높습니다.

　옵션가격이 전일 대비 30% 이상 하락했을 때 구사하는 전략으로 선물이 어느 한 방향으로 움직일 것으로 예상될 때 많이 사용합니다. 그러나 기관이나 외국인들은 거의 사용하지 않는 매매방법입니다.

● 옵션 변동성 상승 후 하락 시 스프레드 매도 또는 스트랭글 매도

콜스프레드 매도

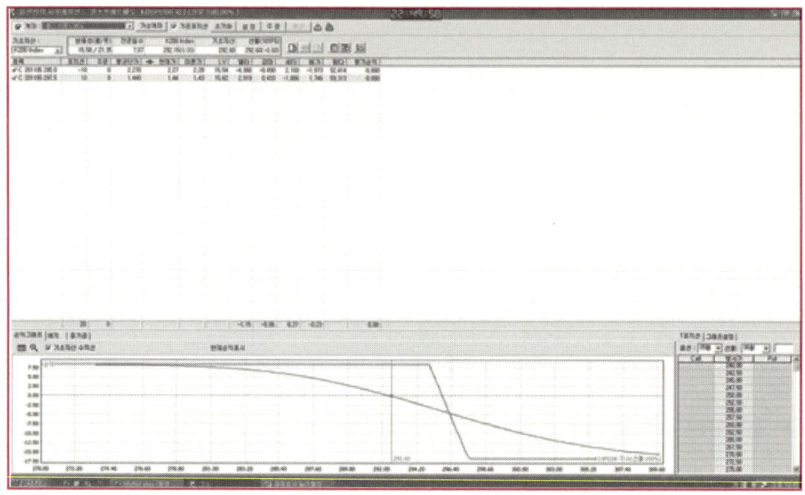

　　두 개의 동일월물 콜옵션으로 구사하는 전략으로 콜등가격옵션은 매도하고 콜외가격옵션은 매수하는 방법입니다. ^{비율은 수량으로 1대 1}

　　옵션변동성이 당일 꼭지 부근이나 상단 부근에서 하락 방향에 베팅하는 전략으로 콜옵션 가격이 전일 대비 30% 상승했을 때 신뢰도가 높습니다.

옵션가격이 전일 대비 30% 이상 상승했을 때 이 전략으로 매매하면 선물이 예측 방향과 반대방향으로 움직여도 옵션의 가격에는 크게 영향을 미치지 않습니다. 그러나 선물이 전일 대비 3포인트 이상 크게 예측 반대 방향으로 움직이거나 매도한 옵션 가격이 3.0 이상에서 거래되면 위험한 전략이므로 포지션 청산 또는 매매 전략을 변경하는 순발력이 필요합니다.

풋스프레드 매도

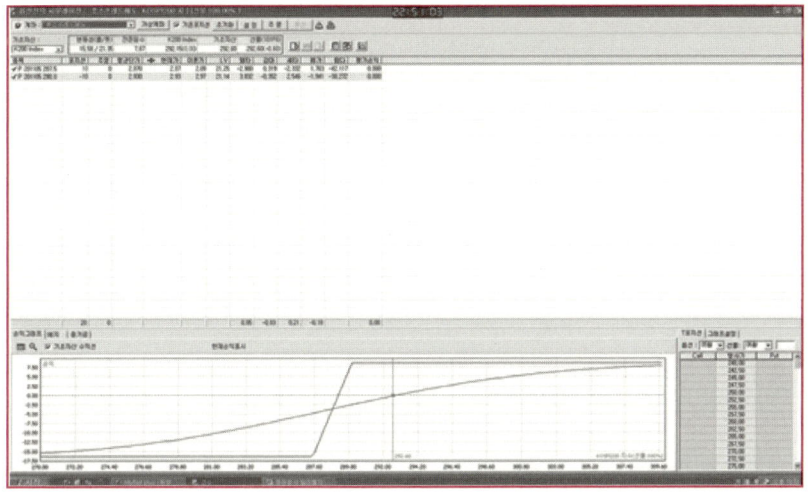

두 개의 동일월물 풋옵션으로 구사하는 전략으로 풋등가격옵션은
매도하고 풋외가격옵션은 매수하는 방법입니다. 비율은 수량으로 1대 1

옵션변동성이 당일 꼭지 부근이나 상단 부근에서 상승 방향에 베
팅하는 전략으로 풋옵션 가격이 전일 대비 30% 상승했을 때 신뢰도가
높습니다.

옵션가격이 전일 대비 30% 이상 상승했을 때 이 전략으로 매매하
면 선물이 예측 방향과 반대방향으로 움직여도 옵션의 수익에는 크게
영향을 미치지 않습니다. 그러나 선물이 전일 대비 3포인트 이상 크게
예측 반대 방향으로 움직이거나 매도한 옵션 가격이 3.0 이상에서 거래
되면 위험한 전략이므로 포지션 청산 또는 매매 전략을 변경하는 순발
력이 필요합니다.

스트랭글 매도

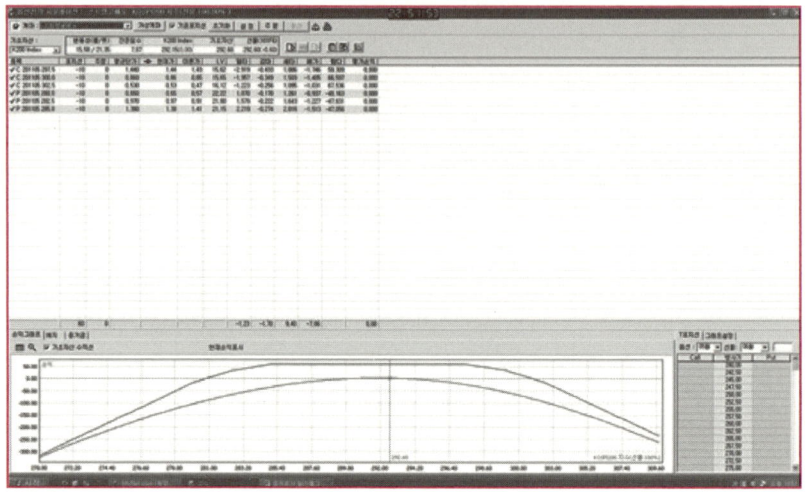

　　동일월물의 콜옵션과 풋옵션으로 구사하는 전략으로 콜외가격옵션과 풋외가격옵션을 양매도하는 방법입니다.^{비율은 수량으로 1대 1}

　　옵션변동성이 당일 꼭지 부근이나 고점 부근에서 어느 한 방향으로 크게 움직이지 않고 횡보할 것으로 예상될 때 베팅하는 전략으로 콜·풋옵션의 가격이 2.0부터 0.8사이의 가격에서 신뢰도가 높습니다. 지수선물이 전일 대비 3.0 안에서 횡보할 때 구사하는 전략으로 선물이 어느 한 방향으로 움직이지 않고 BOX권 횡보가 예상될 때 많이 사용합니다. 지수 선물이 크게 급등락하지 않는 우리 시장에 적합하나 이 전략은 오버나잇 했을 경우 야간에 발생할 수 있는 위험요소가 너무 많기 때문에 가급적이면 당일 진입하고 당일 청산하는 데이트레이딩으로만 매매하시기 바랍니다. 특히 우리시장에서 기관과 외국인이 가장 많이 구사하는 전략입니다.

●2.5포인트 이상 상승 시 변형합성선물 매도

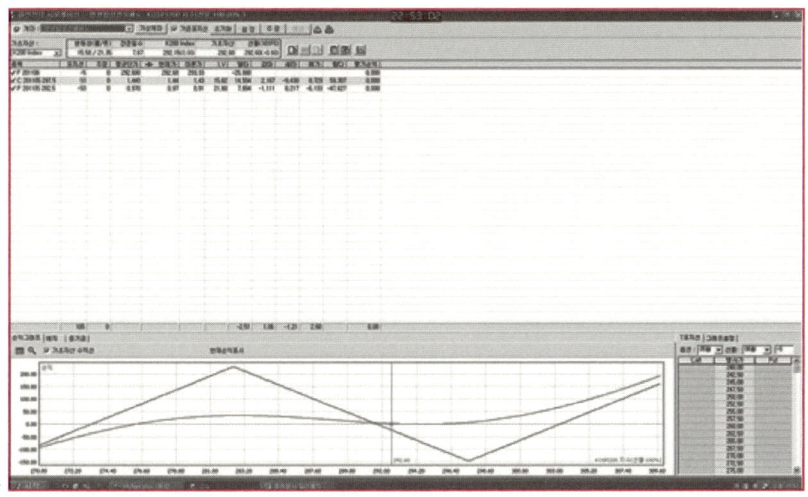

지수 선물이 전일 대비 2.5포인트 이상 갭 상승하거나 당일 고점^{10시}
까지 관망 후 그때까지의 고점 부근에서 진입하는 전략으로 전일 대비 크게 상승
하면 할수록 신뢰도는 커지는 전략입니다.

선물은 매도하고 콜옵션은 매수, 풋옵션은 매도하는 방법입니다.
매수하는 콜옵션의 가격은 대략 1.2~1.4, 매도하는 풋옵션의 가격은 대
략 0.8~1.0으로 합성하는 것이 유리합니다. 비율은 선물 1개 매도 + 콜
2개 매수 + 풋 4개 매도로 진입하신 후에 수익이 나면 1세트당 10~20
만 원 선에서 이익 실현하시기 바랍니다. 포지션 진입후 전체 수익이
손실 시 선물에서 10틱 이상 수익이 나면 콜 매수분은 1개로 줄이시고
풋 매도분은 6개 정도로 늘리시기 바라며 반대로 선물에서 10틱 이상
손실이 나면 콜 매수분은 그냥 두시고 풋 매도분만 5개로 늘리시기 바
랍니다. 매매일수와 변동성에 따라 수량을 달리할 수 있습니다.

●2.5포인트 이상 하락 시 변형합성선물 매수

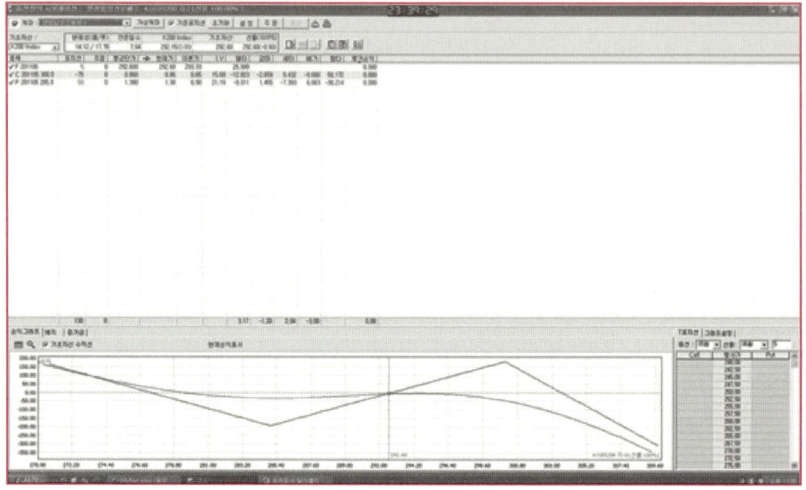

지수 선물이 전일 대비 2.5포인트 이상 갭 하락하거나 당일 저점^{10시} 까지 관망 후 그때까지의 저점 부근에서 진입하는 전략으로 전일 대비 크게 하락 하면 할수록 신뢰도는 커지는 전략입니다.

선물은 매수하고 콜옵션은 매도, 풋옵션은 매수하는 방법입니다. 매수하는 풋옵션의 가격은 대략 1.2~1.4, 매도하는 콜옵션의 가격은 대략 0.8~1.0으로 합성하는 것이 유리합니다. 비율은 선물 1개 매수 + 콜 4개 매도 + 풋 2개 매수로 진입하신 후에 수익이 나면 1세트당 10~20 만 원 선에서 이익 실현하시기 바랍니다. 포지션 진입후 전체수익이 손 실 시 선물에서 10틱 이상 수익이 나면 풋 매수분은 1개로 줄이시고 콜 매도분은 6개 정도로 늘리시기 바라며 반대로 선물에서 10틱 이상 손실이 나면 풋 매수분은 그냥 두시고 콜 매도분만 5개로 늘리시기 바 랍니다. 매매일수와 변동성에 따라 수량을 달리할 수 있습니다.

86

주별 시나리오 매매전략 2주차

● **옵션 변동성 하락 후 상승 시** 스프레드 매수 또는 스트랭글 매수

콜스프레드 매수

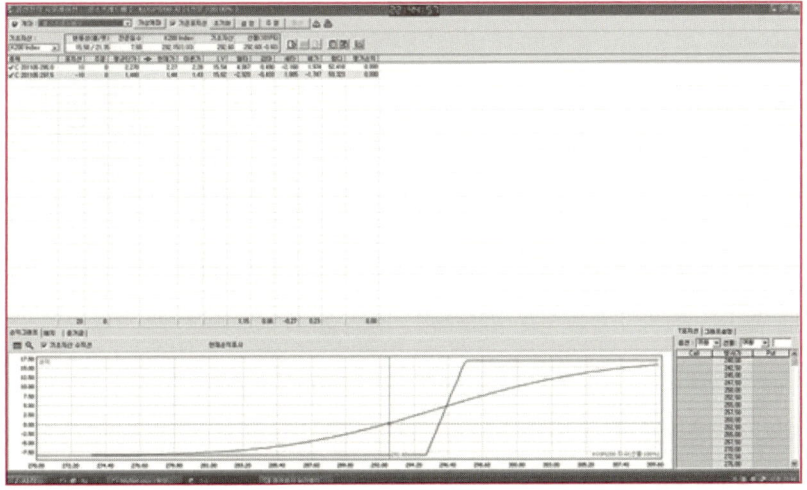

　　두 개의 동일월물 콜옵션으로 구사하는 전략으로 콜등가격옵션은 매수하고 콜외가격옵션은 매도하는 방법입니다. 비율은 수량으로 1대 1

　　옵션변동성이 당일 바닥 부근이나 저점 부근에서 상승 방향에 베팅하는 전략으로 콜옵션 가격이 전일 대비 55% 이상 하락했을 때 신뢰도가 높습니다.

　　옵션가격이 전일 대비 55% 이상 하락했을 때 이 전략으로 매매하면 선물이 예측 방향과 반대방향으로 움직여도 옵션의 가격에는 크게

영향을 미치지 않습니다.

풋스프레드 매수

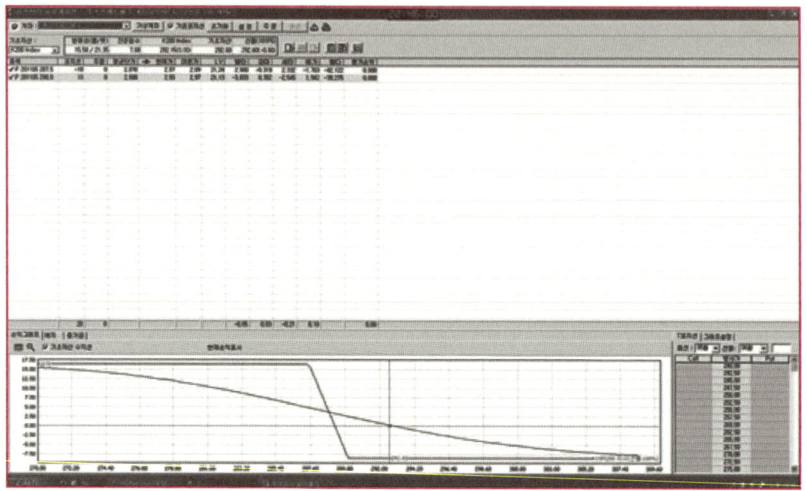

　　두 개의 동일월물 풋옵션으로 구사하는 전략으로 풋등가격옵션은
매수하고 풋외가격옵션은 매도하는 방법입니다.^{비율은 수량으로 1대 1}

　　옵션변동성이 당일 바닥 부근이나 저점 부근에서 하락 방향에 베
팅하는 전략으로 풋옵션 가격이 전일 대비 55% 이상 하락했을 때 신
뢰도가 높습니다.

　　옵션가격이 전일 대비 55% 이상 하락했을 때 이 전략으로 매매하
면 선물이 예측 방향과 반대방향으로 움직여도 옵션의 가격에는 크게
영향을 미치지 않습니다.

스트랭글 매수

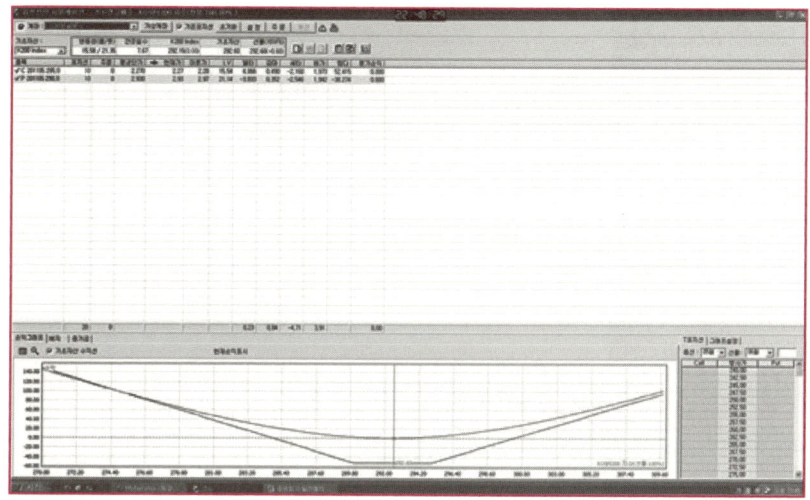

　동일월물의 콜옵션과 풋옵션으로 구사하는 전략으로 콜등가격옵션과 풋등가격옵션을 양매수하는 방법입니다.^{비율은 수량으로 1대 1}

　옵션변동성이 당일 바닥 부근이나 저점 부근에서 어느 한 방향으로 크게 움직일 것으로 예상될 때 베팅하는 전략으로 콜·풋옵션 가격이 전일 대비 35% 이상 하락했을 때 신뢰도가 높습니다.

　옵션가격이 전일 대비 35% 이상 하락했을 때 구사하는 전략으로 선물이 어느 한 방향으로 움직일 것으로 예상될 때 많이 사용합니다. 그러나 기관이나 외국인들은 대부분 사용하지 않는 매매방법입니다.

●옵션 변동성 상승 후 하락 시 스프레드 매도 또는 스트랭글 매도

콜스프레드 매도

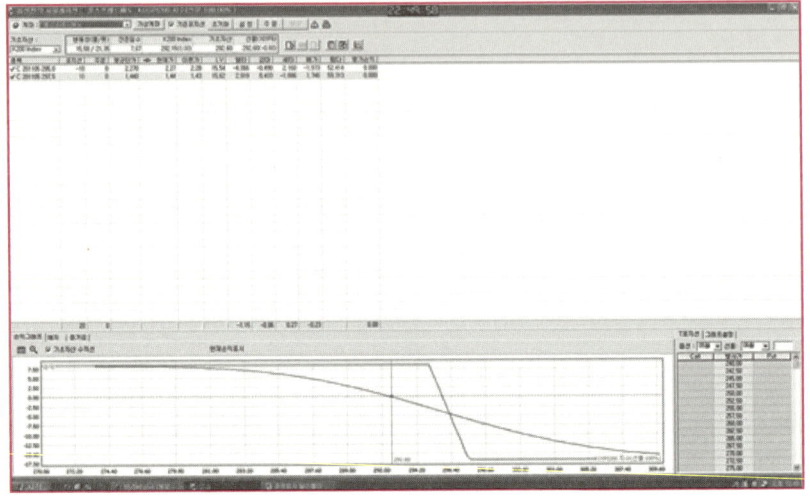

　두 개의 동일월물 콜옵션으로 구사하는 전략으로 콜등가격옵션은 매도하고 콜외가격옵션은 매수하는 방법입니다.^{비율은 수량으로 1대 1}

　옵션변동성이 당일 꼭지 부근이나 상단 부근에서 하락 방향에 베팅하는 전략으로 콜옵션 가격이 전일 대비 35% 상승했을 때 신뢰도가 높습니다.

　옵션가격이 전일 대비 35% 이상 상승했을 때 이 전략으로 매매하면 선물이 예측 방향과 반대방향으로 움직여도 옵션의 가격에는 크게 영향을 미치지 않습니다. 그러나 선물이 전일 대비 3포인트 이상 크게 예측 반대 방향으로 움직이거나 매도한 옵션 가격이 3.0 이상에서 거래되면 위험한 전략이므로 포지션 청산 또는 매매 전략을 변경하는 순발력이 필요합니다.

풋스프레드 매도

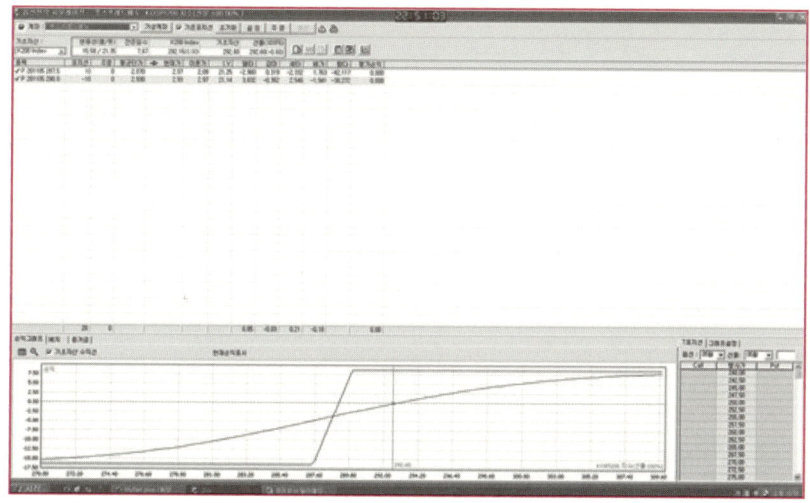

　　두 개의 동일월물 풋옵션으로 구사하는 전략으로 풋등가격옵션은 매도하고 풋외가격옵션은 매수하는 방법입니다. 비율은 수량으로 1대 1

　　옵션변동성이 당일 꼭지 부근이나 상단 부근에서 상승 방향에 베팅하는 전략으로 풋옵션 가격이 전일 대비 35% 상승했을 때 신뢰도가 높습니다.

　　옵션가격이 전일 대비 35% 이상 상승했을 때 이 전략으로 매매하면 선물이 예측 방향과 반대방향으로 움직여도 옵션의 수익에는 크게 영향을 미치지 않습니다. 그러나 선물이 전일 대비 3포인트 이상 크게 예측 반대 방향으로 움직이거나 매도한 옵션 가격이 3.0 이상에서 거래되면 위험한 전략이므로 포지션 청산 또는 매매 전략을 변경하는 순발력이 필요합니다.

스트랭글 매도

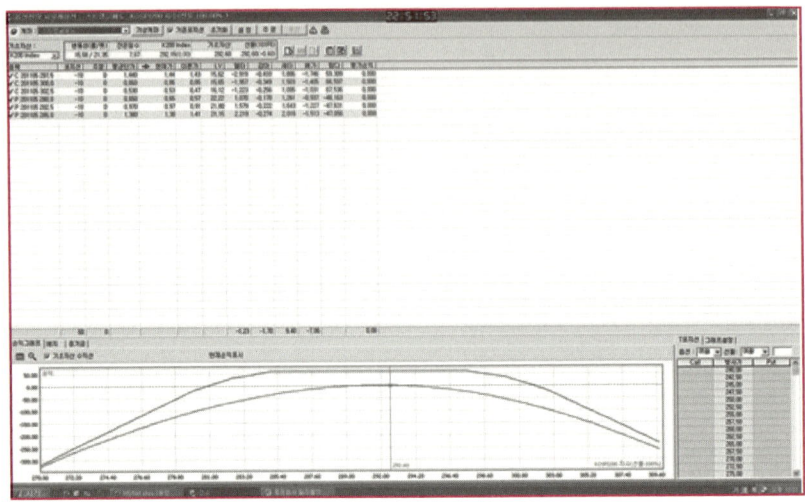

　　동일월물의 콜옵션과 풋옵션으로 구사하는 전략으로 콜외가격옵션과 풋외가격옵션을 양매도하는 방법입니다. ^{비율은 수량으로 1대 1}

　　옵션변동성이 당일 꼭지 부근이나 고점 부근에서 어느 한 방향으로 크게 움직이지 않고 횡보할 것으로 예상될 때 베팅하는 전략으로 콜·풋옵션의 가격이 2.0부터 0.8사이의 가격에서 신뢰도가 높습니다. 지수선물이 전일 대비 3.0안에서 횡보할 때 구사하는 전략으로 선물이 어느 한 방향으로 움직이지 않고 BOX권 횡보가 예상될 때 많이 사용합니다. 지수 선물이 크게 급등락하지 않는 우리 시장에 적합하나 이 전략은 오버나잇 했을 경우 야간에 발생할 수 있는 위험요소가 너무 많기 때문에 가급적이면 당일 진입하고 당일 청산하는 데이트레이딩으로만 매매하시기 바랍니다. 특히 우리시장에서 기관과 외국인이 가장 선호하는 전략입니다.

● **2.5포인트 이상 상승 시** 변형합성선물 매도

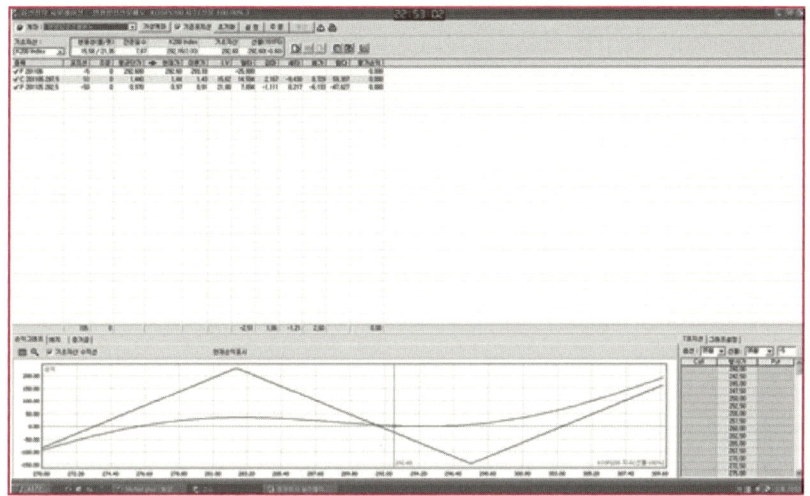

 지수 선물이 전일 대비 2.5포인트 이상 갭 상승하거나 당일 고점^{10시}까지 관망 후 그때까지의 고점 부근에서 진입하는 전략으로 전일 대비 크게 상승하면 할수록 신뢰도는 커지는 전략입니다.

 선물은 매도하고 콜옵션은 매수, 풋옵션은 매도하는 방법입니다. 매수하는 콜옵션의 가격은 대략 1.2~1.4, 매도하는 풋옵션의 가격은 대략 0.8~1.0으로 합성하는 것이 유리합니다. 비율은 선물 1개 매도 + 콜 2개 매수 + 풋 3개 매도로 진입하신 후에 수익이 나면 1세트당 10~20만 원 선에서 이익 실현하시기 바랍니다. 포지션 진입후 전체 수익이 손실 시 선물에서 10틱 이상 수익이 나면 콜 매수분은 1개로 줄이시고 풋 매도분은 5개 정도로 늘리시기 바라며 반대로 선물에서 10틱 이상 손실이 나면 콜 매수분은 그냥 두시고 풋 매도분만 4개로 늘리시기 바랍니다. 매매일수와 변동성에 따라 수량을 달리할 수 있습니다.

●선물 2.5포인트 이상 하락 시 변형합성선물 매수

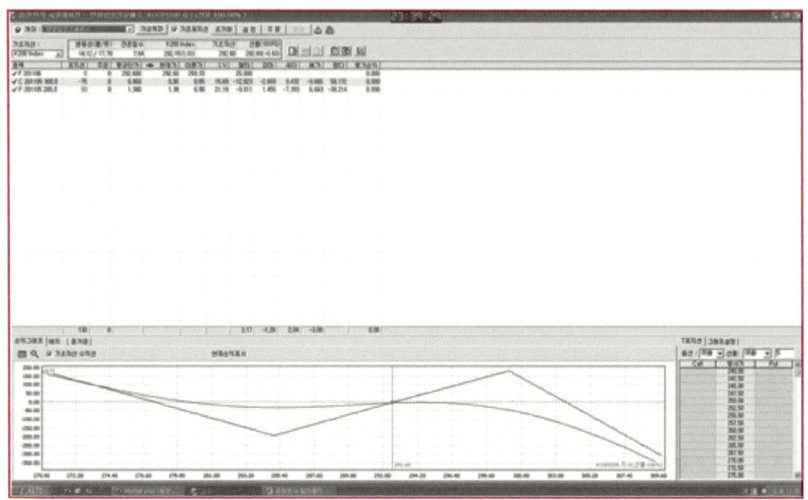

지수 선물이 전일 대비 2.5포인트 이상 갭 하락하거나 당일 저점[10시
까지 관망 후 그때까지의 저점] 부근에서 진입하는 전략으로 전일 대비 크게 하락
하면 할수록 신뢰도는 커지는 전략입니다.

선물은 매수하고 콜옵션은 매도, 풋옵션은 매수하는 방법입니다.
매수하는 풋옵션의 가격은 대략 1.2~1.4, 매도하는 콜옵션의 가격은 대
략 0.8~1.0으로 합성하는 것이 유리합니다. 비율은 선물 1개 매수 + 콜
3개 매도 + 풋 2개 매수로 진입하신 후에 수익이 나면 1세트당 10~20
만 원 선에서 이익 실현하시기 바랍니다. 포지션 진입후 전체 수익이
손실 시 선물에서 10틱 이상 수익이 나면 풋 매수분은 1개로 줄이시고
콜 매도분은 4개 정도로 늘리시기 바라며 반대로 선물에서 10틱 이상
손실이 나면 풋 매수분은 그냥 두시고 콜 매도분만 4개로 늘리시기 바
랍니다. 매매일수와 변동성에 따라 수량을 달리할 수 있습니다.

87

주별시나리오 매매전략 3주차

● **옵션 양방향비율 스프레드(시겔전략)**　2.5, 5.0 외가 매수 + 7.5,
10.0,12.5 외가 매도

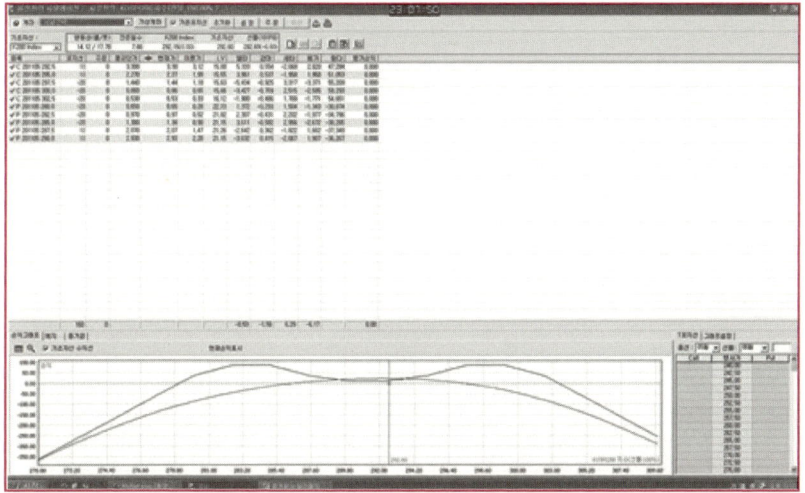

　동일월물의 콜옵션과 풋옵션으로 구사하는 전략으로 콜옵션 및
풋옵션의 2.5, 5.0의 외가격 옵션은 매수하고 콜옵션 및 풋옵션의 7.5,
10.0,12.5 외가격옵션은 양매도하는 방법입니다. 비율은 매수금액과 매도금액을 일치

　옵션변동성이 당일 고점 부근에서 상황판단이 서지 않을 때 구사
하는 전략으로 만기가 다가올수록 신뢰도가 높습니다. 지수선물이 전
일 대비 3.0 안에서 횡보할 때나 지수의 움직임이 예측되지 않을 때 구
사하는 전략으로 선물이 어느 한 방향으로 움직이지 않고 BOX권 횡보

할 때 유효한 매매전략이지만 앞이 안 보일 때 많이 사용하는 방법입니다. 지수 선물이 크게 급등락하지 않는 우리 시장에 적합한 전략으로 오버나잇 하는 포지션트레이더들이 가장 많이 선호하는 전략입니다.

●옵션 변동성 하락 후 상승 시 스프레드 매수 또는 스트랭글 매수

콜스프레드 매수

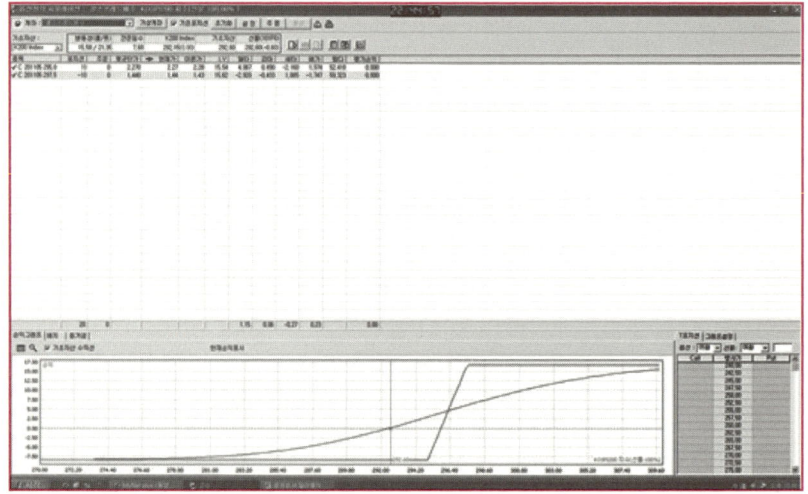

두 개의 동일월물 콜옵션으로 구사하는 전략으로 콜등가격옵션은 매수하고 콜외가격옵션은 매도하는 방법입니다. 비율은 수량으로 1대 1

옵션변동성이 당일 바닥 부근이나 저점 부근에서 상승 방향에 베팅하는 전략으로 콜옵션 가격이 전일 대비 60% 이상 하락했을 때 신뢰도가 높습니다.

옵션가격이 전일 대비 60% 이상 하락했을 때 이 전략으로 매매하면 선물이 예측 방향과 반대방향으로 움직여도 옵션의 가격에는 크게 영향을 미치지 않습니다. 자금력이 떨어지는 개인투자자에게 유용한 전략입니다.

풋스프레드 매수

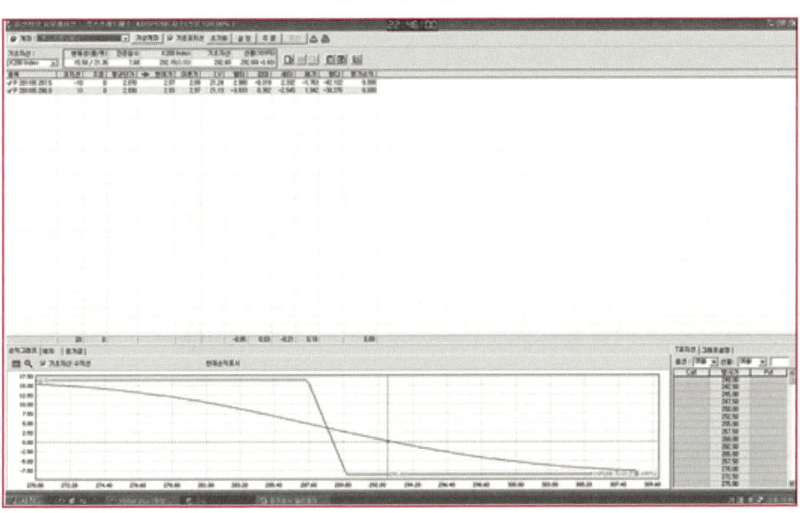

두 개의 동일월물 풋옵션으로 구사하는 전략으로 풋등가격옵션은 매수하고 풋외가격옵션은 매도하는 방법입니다.^{비율은 수량으로 1대 1}

옵션변동성이 당일 바닥 부근이나 저점 부근에서 하락 방향에 베팅하는 전략으로 풋옵션 가격이 전일 대비 60% 이상 하락했을 때 신뢰도가 높습니다.

옵션가격이 전일 대비 60% 이상 하락했을 때 이 전략으로 매매하면 선물이 예측 방향과 반대방향으로 움직여도 옵션의 가격에는 크게 영향을 미치지 않습니다. 자금력이 떨어지는 개인투자자에게 유용한 전략입니다.

스트랭글 매수

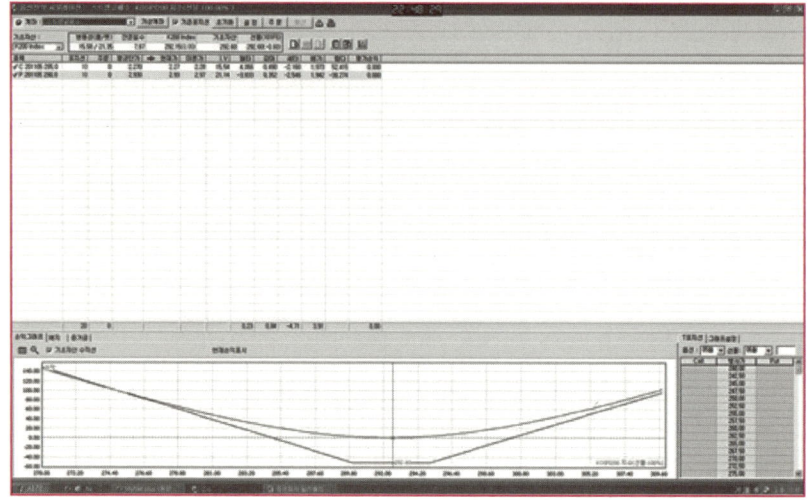

　　동일월물의 콜옵션과 풋옵션으로 구사하는 전략으로 콜등가격옵
선과 풋등가격옵션을 양매수하는 방법입니다.^{비율은 수량으로 1대 1}

　　옵션변동성이 당일 바닥 부근이나 저점 부근에서 어느 한 방향으
로 크게 움직일 것으로 예상될 때 베팅하는 전략으로 콜·풋옵션 가격
이 전일 대비 40% 이상 하락했을 때 신뢰도가 높습니다.

　　옵션가격이 전일 대비 40% 이상 하락했을 때 구사하는 전략으로
선물이 어느 한 방향으로 움직일 것으로 예상될 때 많이 사용합니다.
그러나 기관이나 외국인들은 대부분 사용하지 않는 매매방법입니다.

●옵션 변동성 상승 후 하락 시 스프레드 매도 또는 스트랭글 매도

콜스프레드 매도

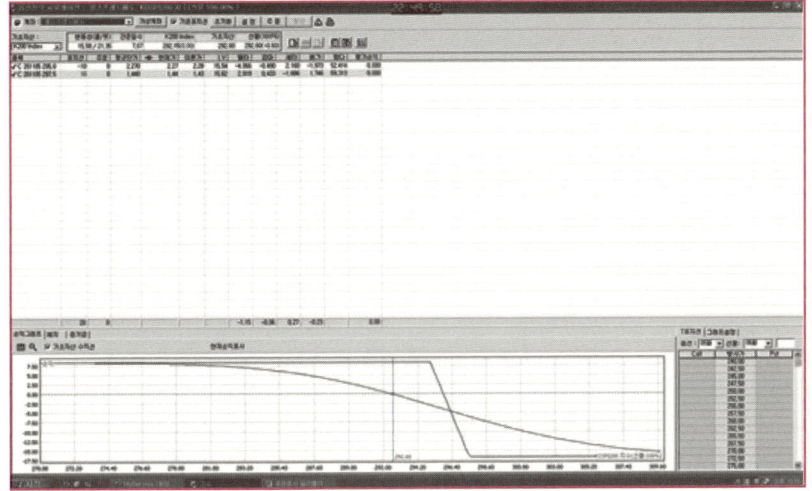

두 개의 동일월물 콜옵션으로 구사하는 전략으로 콜등가격옵션은 매도하고 콜외가격옵션은 매수하는 방법입니다.^{비율은 수량으로 1대 1}

옵션변동성이 당일 꼭지 부근이나 상단 부근에서 하락 방향에 베팅하는 전략으로 콜옵션 가격이 전일 대비 40% 상승했을 때 신뢰도가 높습니다.

옵션가격이 전일 대비 40% 이상 상승했을 때 이 전략으로 매매하면 선물이 예측 방향과 반대방향으로 움직여도 옵션의 가격에는 크게 영향을 미치지 않습니다. 그러나 선물이 전일 대비 3포인트 이상 크게 예측 반대 방향으로 움직이거나 매도한 옵션 가격이 3.0 이상에서 거래되면 위험한 전략이므로 포지션 청산 또는 매매 전략을 변경하는 순발력이 필요합니다.

풋스프레드 매도

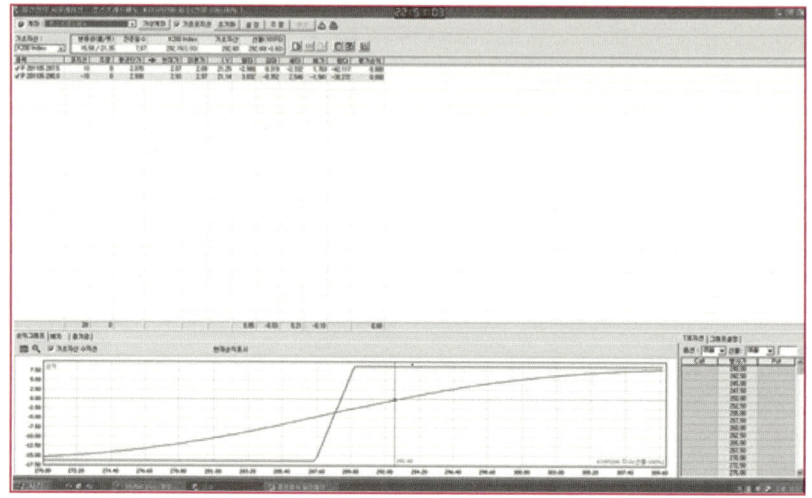

　두 개의 동일월물 풋옵션으로 구사하는 전략으로 풋등가격옵션은 매도하고 풋외가격옵션은 매수하는 방법입니다.^{비율은 수량으로 1대 1}

　옵션변동성이 당일 꼭지 부근이나 상단 부근에서 상승 방향에 베팅하는 전략으로 풋옵션 가격이 전일 대비 40% 상승했을 때 신뢰도가 높습니다.

　옵션가격이 전일 대비 40% 이상 상승했을 때 이 전략으로 매매하면 선물이 예측 방향과 반대방향으로 움직여도 옵션의 수익에는 크게 영향을 미치지 않습니다. 그러나 선물이 전일 대비 3포인트 이상 크게 예측 반대 방향으로 움직이거나 매도한 옵션 가격이 3.0 이상에서 거래되면 위험한 전략이므로 포지션 청산 또는 매매 전략을 변경하는 순발력이 필요합니다.

스트랭글 매도

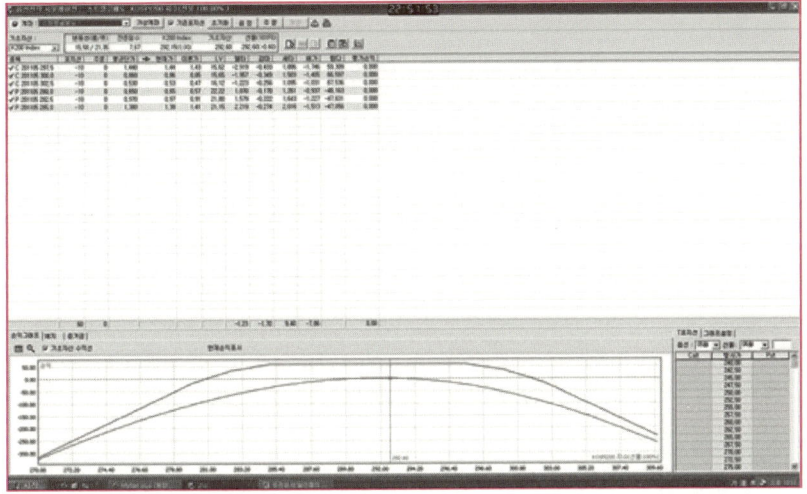

　　동일월물의 콜옵션과 풋옵션으로 구사하는 전략으로 콜외가격옵션
과 풋외가격옵션을 양매도하는 방법입니다. _{비율은 수량으로 1대 1}

　　옵션변동성이 당일 꼭지 부근이나 고점 부근에서 어느 한 방향으
로 크게 움직이지 않고 횡보할 것으로 예상될 때 베팅하는 전략으로
콜·풋옵션의 가격이 2.0부터 0.8사이의 가격에서 신뢰도가 높습니다.
지수선물이 전일 대비 3.0 안에서 횡보할 때 구사하는 전략으로 선물
이 어느 한 방향으로 움직이지 않고 BOX권 횡보가 예상될 때 많이 사
용합니다. 지수 선물이 크게 급등락하지 않는 우리 시장에 적합하나
이 전략은 오버나잇 했을 경우 야간에 발생할 수 있는 위험요소가 너
무 많기 때문에 가급적이면 당일 진입하고 당일 청산하는 데이트레이
딩으로만 매매하시기 바랍니다. 특히 우리시장에서 기관과 외국인이
가장 많이 활용하는 전략입니다.

●2.5포인트 이상 상승 시 변형합성선물 매도

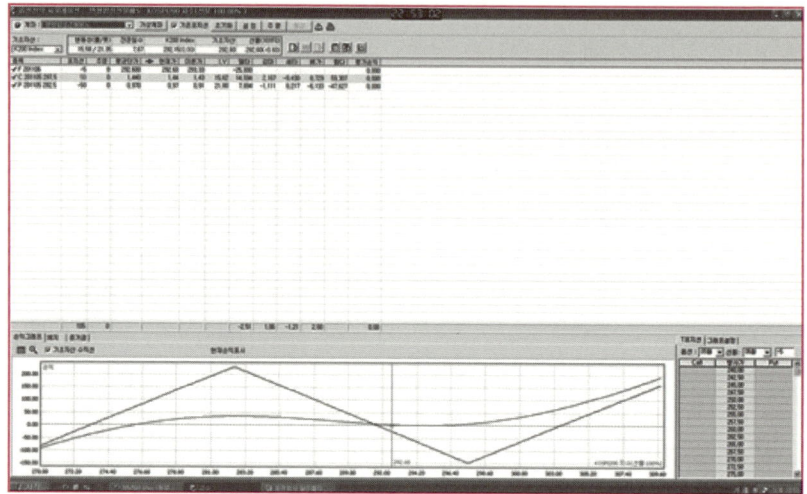

　　지수 선물이 전일 대비 2.5포인트 이상 갭 상승하거나 당일 고점^{10시}
까지 관망 후 그때까지의 고점 부근에서 진입하는 전략으로 전일 대비 크게 상승
하면 할수록 신뢰도는 커지는 전략입니다.

　　선물은 매도하고 콜옵션은 매수, 풋옵션은 매도하는 방법입니다.
매수하는 콜옵션의 가격은 대략 1.2~1.4, 매도하는 풋옵션의 가격은 대
략 0.8~1.0으로 합성하는 것이 유리합니다. 비율은 선물 1개 매도 + 콜
2개 매수 + 풋 2개 매도로 진입하신 후에 수익이 나면 1세트당 10~20
만 원 선에서 이익 실현하시기 바랍니다. 포지션 진입후 전체 수익이
손실 시 선물에서 10틱 이상 수익이 나면 콜 매수분은 1개로 줄이시고
풋 매도분은 4개 정도로 늘리시기 바라며 반대로 선물에서 10틱 이상
손실이 나면 콜 매수분은 그냥 두시고 풋 매도분만 3개로 늘리시기 바
랍니다.매매일수와 변동성에 따라 수량을 달리할 수 있습니다.

●선물 2.5포인트 이상 하락 시 변형합성선물 매수

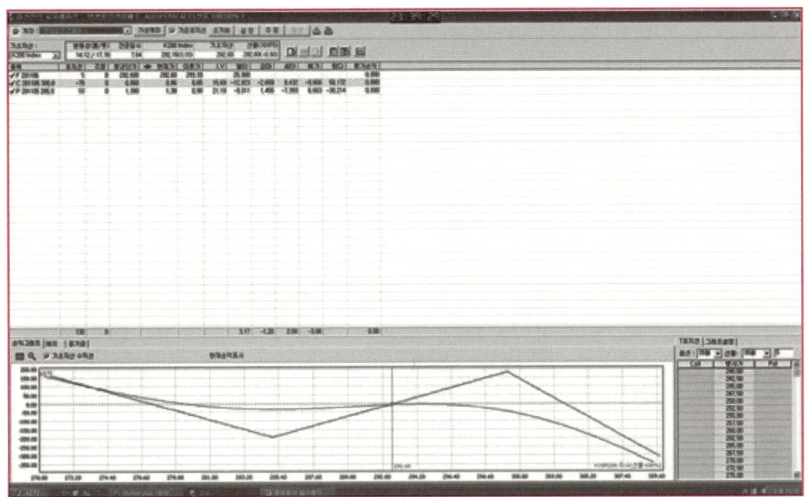

　지수 선물이 전일 대비 2.5포인트 이상 갭 하락하거나 당일 저점^{10시} 까지 관망 후 그때까지의 저점 부근에서 진입하는 전략으로 전일 대비 크게 하락하면 할수록 신뢰도는 커지는 전략입니다.

　선물은 매수하고 콜옵션은 매도, 풋옵션은 매수하는 방법입니다. 매수하는 풋옵션의 가격은 대략 1.2~1.4, 매도하는 콜옵션의 가격은 대략 0.8~1.0으로 합성하는 것이 유리합니다. 비율은 선물 1개 매수 + 콜 2개 매도 + 풋 2개 매수로 진입하신 후에 수익이 나면 1세트당 10~20만 원 선에서 이익 실현하시기 바랍니다. 포지션 진입후 전체 수익이 손실 시 선물에서 10틱 이상 수익이 나면 풋 매수분은 1개로 줄이시고 콜 매도분은 4개 정도로 늘리시기 바라며 반대로 선물에서 10틱 이상 손실이 나면 풋 매수분은 그냥 두시고 콜 매도분만 3개로 늘리시기 바랍니다. 매매일수와 변동성에 따라 수량을 달리할 수 있습니다.

옵션 외가격 양매도(델타, 감마중립)

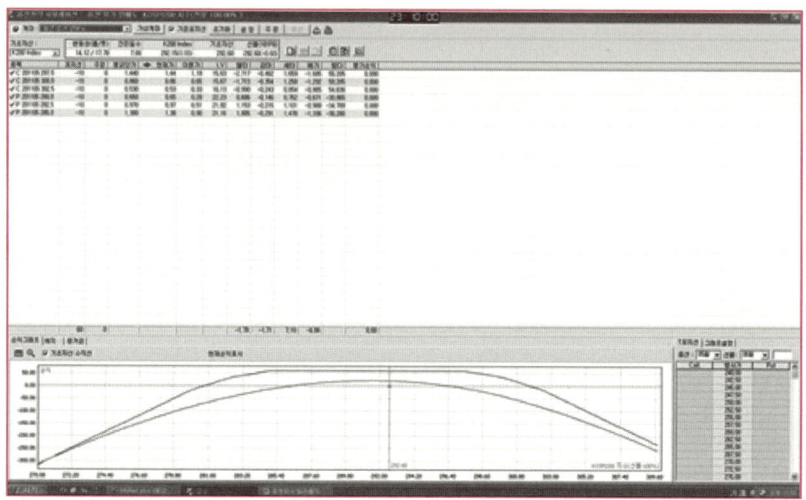

　　동일월물의 콜옵션과 풋옵션으로 구사하는 전략으로 콜외가격옵션
과 풋외가격옵션을 양매도하는 방법입니다. 비율은 수량으로 1대 1

　　옵션변동성이 당일 꼭지 부근이나 고점 부근에서 어느 한 방향으
로 크게 움직이지 않고 횡보할 것으로 예상될 때 베팅하는 전략으로
콜·풋옵션의 가격이 2.0부터 0.8사이의 가격에서 신뢰도가 높습니다.
지수선물이 전일 대비 3.0 안에서 횡보할 때 구사하는 전략으로 선물
이 어느 한 방향으로 움직이지 않고 BOX권 횡보가 예상될 때 많이 사
용합니다. 지수 선물이 크게 급등락하지 않는 우리 시장에 적합하나
이 전략은 오버나잇 했을 경우 야간에 발생할 수 있는 위험요소가 너
무 많기 때문에 가급적이면 당일 진입하고 당일 청산하는 데이트레이
딩으로만 매매하시기 바랍니다. 특히 3주차 때 우리시장에서 기관과
외국인, 개인 큰손들이 가장 많이 사용합니다.

88
주별시나리오 매매전략 4주차

● **시결전략** 등가, 2.5 외가 매수 + 5.0, 7.5, 10.0 외가 매도

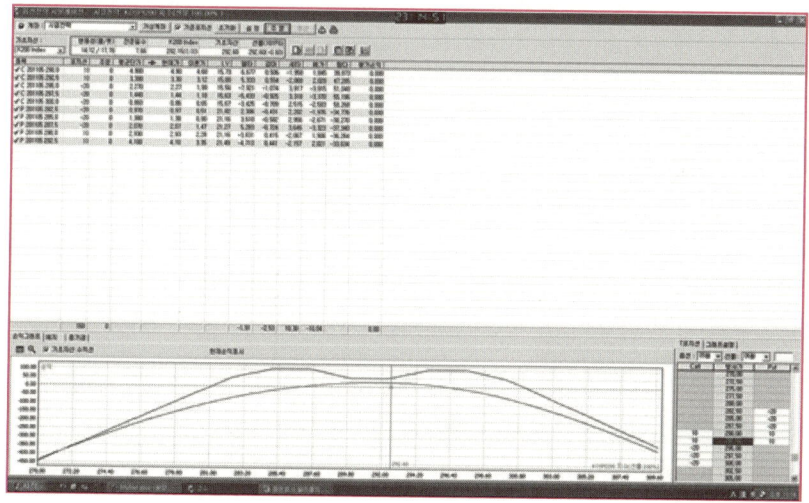

동일월물의 콜옵션과 풋옵션으로 구사하는 전략으로 콜옵션 및 풋옵션의 등가, 2.5의 외가격 옵션은 매수하고 콜옵션 및 풋옵션의 5.0, 7.5,10.0 외가격옵션은 양매도하는 방법입니다. 비율은 매수금액 〈 매도금액

옵션변동성이 당일 고점 부근에서 상황판단이 서지 않을 때 구사하는 전략으로 만기가 다가올수록 신뢰도가 높습니다. 지수선물이 전일 대비 3.0 안에서 횡보할 때나 지수의 움직임이 예측되지 않을 때 구사하는 전략으로 선물이 어느 한 방향으로 움직이지 않고 BOX권 횡보할 때 유효한 매매전략이지만 앞이 안 보일 때 많이 사용하는 방법입

니다. 지수 선물이 크게 급등락하지 않는 우리 시장에 적합한 전략으로 오버나잇 하는 포지션트레이더들이 만기 주에 가장 많이 선호하는 전략입니다.

●커버드 콜 선물매수 + 콜매도

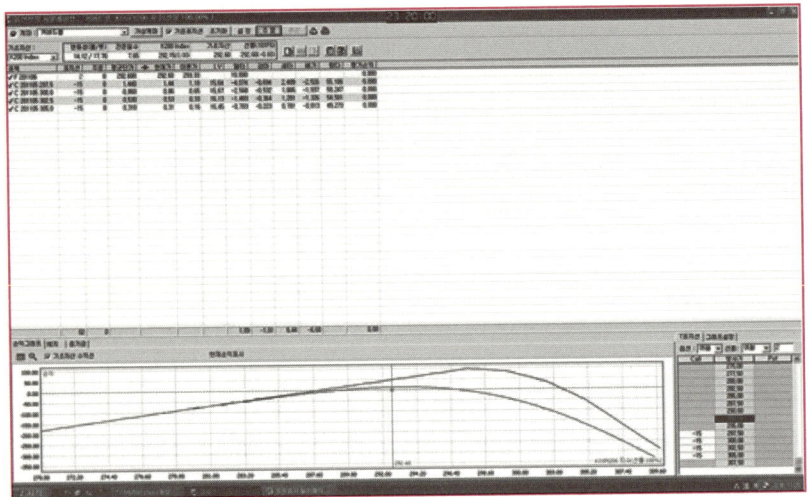

지수선물과 콜옵션으로 구사하는 전략으로 지수선물은 매수하고 외가격의 콜옵션은 매도하는 방법입니다. 증거금이 필요없는 외국인과 기관이 선호하는 매매전략으로, 특히 만기 주 부근에 신뢰도가 높습니다. 2~3일 급락하거나 콜옵션 변동성이 크게 확대되었을 때 진입하는 전략으로 지수가 횡보하거나 상승할 때 유리한 매매 방법입니다. 일부의 개인 큰손들도 주식이나 채권을 대용하여 묶인 자산을 효율적으로 활용합니다. 그러나 시장 폭락 시 콜옵션의 가격은 하락하지 않고 선물지수만 급락하여 헤지의 역할도 하지 못하므로 선물옵션시장이 전일 대비 크게 하락한 경우 기관과 외국인의 매매동향을 잘 살피어 매

매에 활용하시기 바랍니다.

옵션 외가격 양매도(델타, 감마중립)

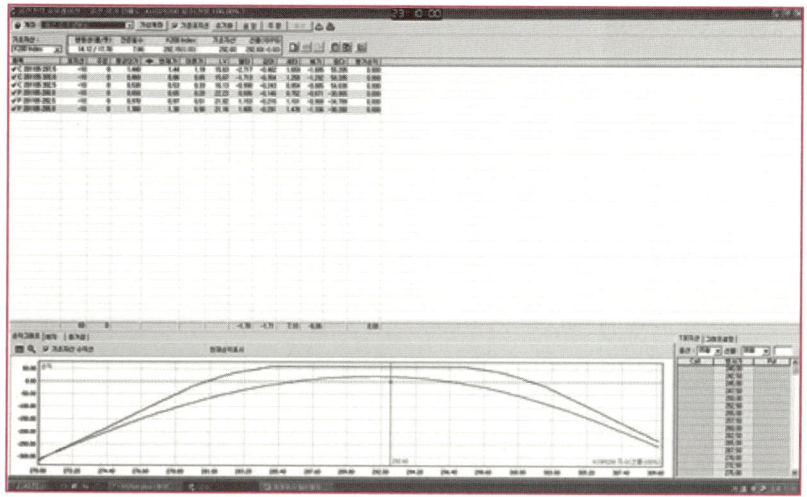

　　동일월물의 콜옵션과 풋옵션으로 구사하는 전략으로 콜외가격옵션과 풋외가격옵션을 양매도하는 방법입니다. ^{비율은 수량으로 1대 1}

　　옵션변동성이 당일 꼭지 부근이나 고점 부근에서 어느 한 방향으로 크게 움직이지 않고 횡보할 것으로 예상될 때 베팅하는 전략으로 콜·풋옵션의 가격이 2.0부터 0.8사이의 가격에서 신뢰도가 높습니다. 지수선물이 전일 대비 3.0 안에서 횡보할 때 구사하는 전략으로 선물이 어느 한 방향으로 움직이지 않고 BOX권 횡보가 예상될 때 많이 사용합니다. 지수 선물이 크게 급등락하지 않는 우리 시장에 적합하나 이 전략은 오버나잇 했을 경우 야간에 발생할 수 있는 위험요소가 너무 많기 때문에 가급적이면 당일 진입하고 당일 청산하는 데이트레이딩으로만 매매하시기 바랍니다.

●2.5포인트 이상 상승 시 변형합성선물 매도

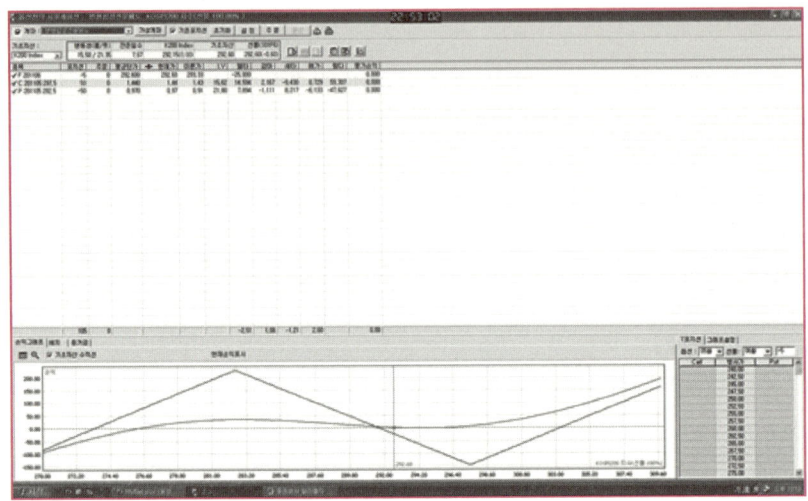

　　지수 선물이 전일 대비 2.5포인트 이상 갭 상승하거나 당일 고점^{10시}까지 관망 후 그때까지의 고점 부근에서 진입하는 전략으로 전일 대비 크게 상승하면 할수록 신뢰도는 커지는 전략입니다.

　　선물은 매도하고 콜옵션은 매수, 풋옵션은 매도하는 방법입니다. 매수하는 콜옵션의 가격은 대략 1.2~1.4, 매도하는 풋옵션의 가격은 대략 0.8~1.0으로 합성하는 것이 유리합니다. 비율은 선물 1개 매도 + 콜 2개 매수 + 풋 2개 매도로 진입하신 후에 수익이 나면 1세트당 10~20만 원 선에서 이익 실현하시기 바랍니다. 포지션 진입후 전체 수익이 손실 시 선물에서 10틱 이상 수익이 나면 콜 매수분은 1개로 줄이시고 풋 매도분은 3개 정도로 늘리시기 바라며 반대로 선물에서 10틱 이상 손실이 나면 콜 매수분은 그냥 두시고 풋 매도분만 3개로 늘리시기 바랍니다. 매매일수와 변동성에 따라 수량을 달리할 수 있습니다.

●선물 2.5포인트 이상 하락 시 변형합성선물 매수

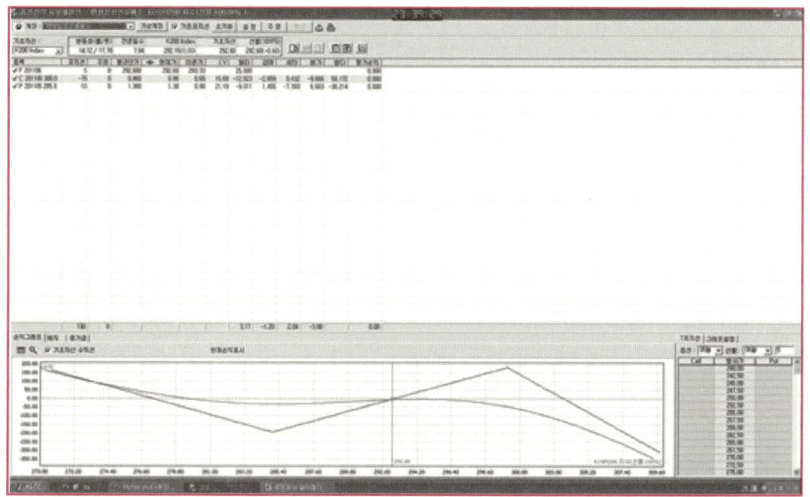

지수 선물이 전일 대비 2.5포인트 이상 갭 하락하거나 당일 저점^{10시} 까지 관망 후 그때까지의 저점 부근에서 진입하는 전략으로 전일 대비 크게 하락 하면 할수록 신뢰도는 커지는 전략입니다.

선물은 매수하고 콜옵션은 매도, 풋옵션은 매수하는 방법입니다. 매수하는 풋옵션의 가격은 대략 1.2~1.4, 매도하는 콜옵션의 가격은 대 략 0.8~1.0으로 합성하는 것이 유리합니다. 비율은 선물 1개 매수 + 콜 2개 매도 + 풋 2개 매수로 진입하신 후에 수익이 나면 1세트당 10~20 만 원 선에서 이익 실현하시기 바랍니다. 포지션 진입후 전체 수익이 손실 시 선물에서 10틱 이상 수익이 나면 풋 매수분은 1개로 줄이시고 콜 매도분은 3개 정도로 늘리시기 바라며 반대로 선물에서 10틱 이상 손실이 나면 풋 매수분은 그냥 두시고 콜 매도분만 3개로 늘리시기 바 랍니다. 매매일수와 변동성에 따라 수량을 달리할 수 있습니다.

89

일간 변동성 매매전술 – 지수가 당일 고점일 때

● **옵션 변동성 하락 후 상승 시** 풋스프레드 매수

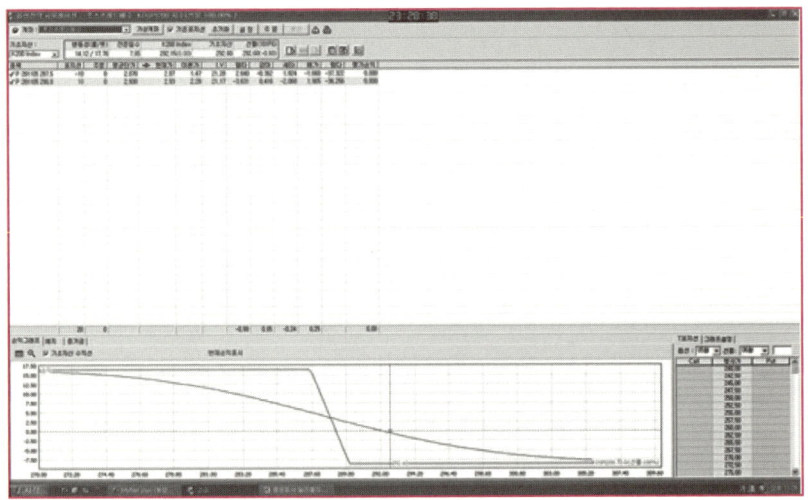

　　두 개의 동일월물 풋옵션으로 구사하는 전략으로 풋등가격옵션은 매수하고 풋외가격옵션은 매도하는 방법입니다. 비율은 수량으로 1대 1

　　옵션변동성이 당일 바닥 부근이나 저점 부근에서 하락 방향에 베팅하는 전략으로 풋옵션 가격이 전일 대비 50% 이상 하락했을 때 신뢰도가 높습니다. 매주별 하락률을 고려하여 활용할 것.

　　옵션가격이 전일 대비 50% 이상 하락했을 때 이 전략으로 매매하면 선물이 예측 방향과 반대방향으로 움직여도 옵션의 가격에는 크게 영향을 미치지 않습니다.

●옵션 변동성 상승 후 하락 시 콜스프레드 매도

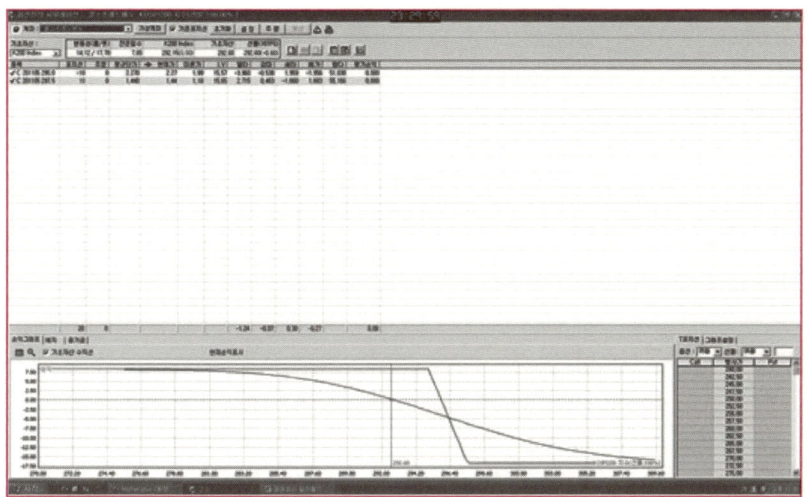

두 개의 동일월물 콜옵션으로 구사하는 전략으로 콜등가격옵션은 매도하고 콜외가격옵션은 매수하는 방법입니다.^{비율은 수량으로 1대 1}

옵션변동성이 당일 꼭지 부근이나 상단 부근에서 하락 방향에 베팅하는 전략으로 콜옵션 가격이 전일 대비 30% 상승했을 때 신뢰도가 높습니다.^{매주별 하락률을 고려하여 활용할 것}

옵션가격이 전일 대비 30% 이상 상승했을 때 이 전략으로 매매하면 선물이 예측 방향과 반대방향으로 움직여도 옵션의 가격에는 크게 영향을 미치지 않습니다. 그러나 선물이 전일 대비 3포인트 이상 크게 예측 반대 방향으로 움직이거나 매도한 옵션 가격이 3.0 이상에서 거래되면 위험한 전략이므로 포지션 청산 또는 매매 전략을 변경하는 순발력이 필요합니다.

● 선물 2.5포인트 이상 상승 시 변형합성선물 매도

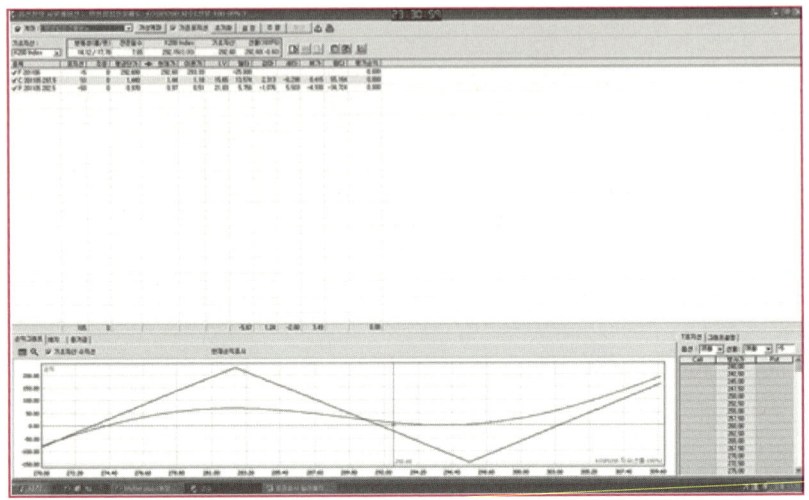

　　지수 선물이 전일 대비 2.5포인트 이상 갭 상승하거나 당일 고점^{10시} 까지 관망 후 그때까지의 고점 부근에서 진입하는 전략으로 전일 대비 크게 상승 하면 할수록 신뢰도는 커지는 전략입니다. 선물은 매도하고 콜옵션은 매수, 풋옵션은 매도하는 방법입니다. 매수하는 콜옵션의 가격은 대략 1.2~1.4, 매도하는 풋옵션의 가격은 대략 0.8~1.0으로 합성하는 것이 유 리합니다.

　　포지션 비율은 각 주별로 앞에서 언급한 수량으로 활용하시기 바 라며 매매일수와 변동성에 따라 수량을 달리 할 수 있습니다.

90

일간 변동성 매매전술 — 지수가 당일 저점일 때

● **옵션 변동성 하락 후 상승 시** 콜스프레드 매수

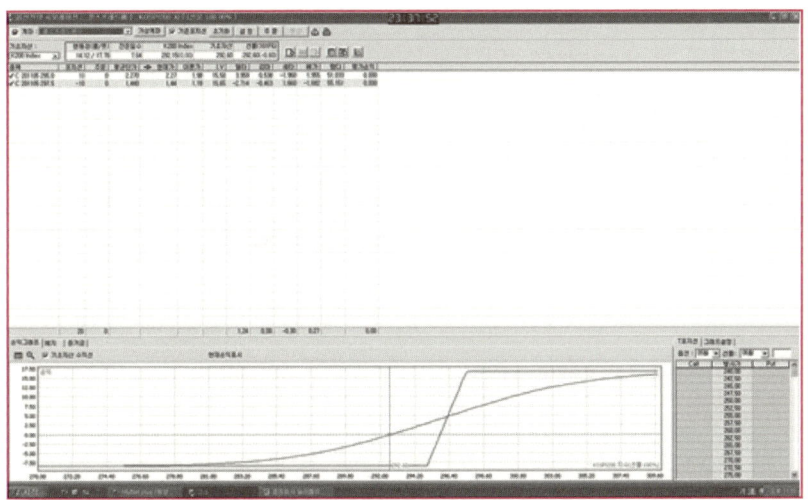

두 개의 동일월물 콜옵션으로 구사하는 전략으로 콜등가격옵션은 매수하고 콜외가격옵션은 매도하는 방법입니다.^{비율은 수량으로 1대 1}

옵션변동성이 당일 바닥 부근이나 저점 부근에서 상승 방향에 베팅하는 전략으로 콜옵션 가격이 전일 대비 50% 이상 하락했을 때 신뢰도가 높습니다.^{매주별 하락률을 고려하여 활용할 것.}

옵션가격이 전일 대비 50% 이상 하락했을 때 이 전략으로 매매하면 선물이 예측 방향과 반대방향으로 움직여도 옵션의 가격에는 크게 영향을 미치지 않습니다. 자금력이 떨어지는 개인투자자들에게 유용한

전략입니다.

● 옵션 변동성 상승 후 하락 시 풋스프레드 매도

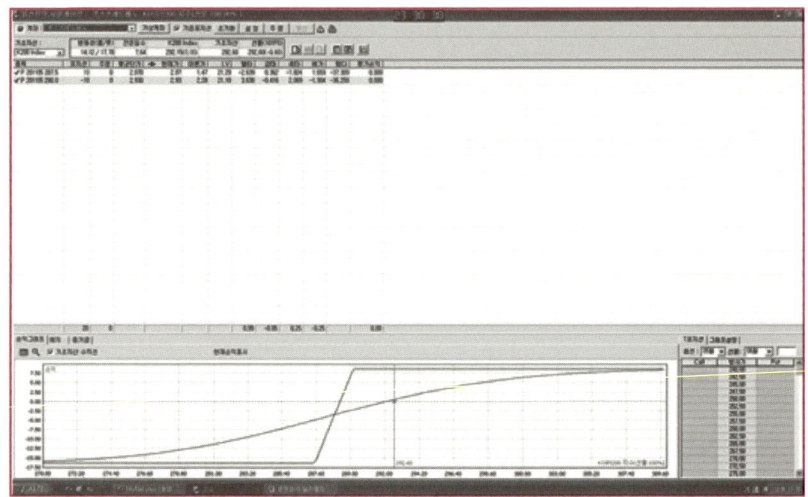

　　두 개의 동일월물 풋옵션으로 구사하는 전략으로 풋등가격옵션은
매도하고 풋외가격옵션은 매수하는 방법입니다.^{비율은 수량으로 1대 1}

　　옵션변동성이 당일 꼭지 부근이나 상단 부근에서 상승 방향에 베
팅하는 전략으로 풋옵션 가격이 전일 대비 30% 상승했을 때 신뢰도가
높습니다.^{매주별 상승률을 고려하여 활용할 것.}

　　옵션가격이 전일 대비 30% 이상 상승했을 때 이 전략으로 매매하
면 선물이 예측 방향과 반대방향으로 움직여도 옵션의 수익에는 크게
영향을 미치지 않습니다. 그러나 선물이 전일 대비 3포인트 이상 크게
예측 반대 방향으로 움직이거나 매도한 옵션 가격이 3.0 이상에서 거래
되면 위험한 전략이므로 포지션 청산 또는 매매 전략을 변경하는 순발
력이 필요합니다.

●선물 2.5포인트 이상 하락 시 변형합성선물 매수

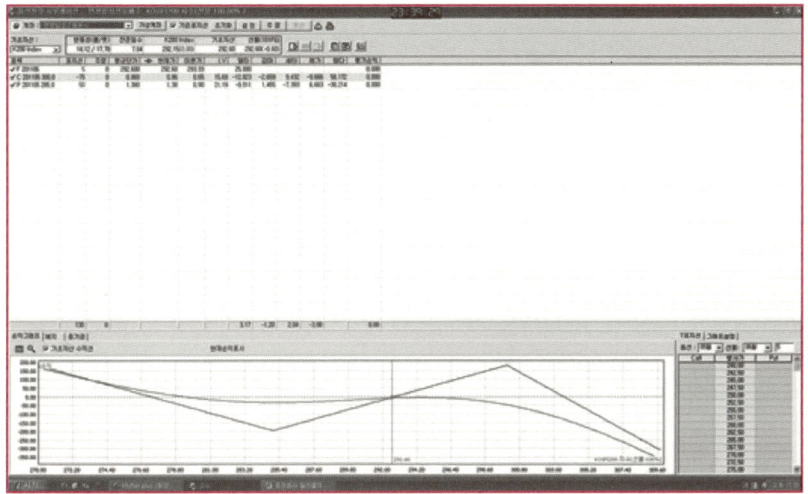

　　지수 선물이 전일 대비 2.5포인트 이상 갭 하락하거나 당일 저점[10시까지 관망 후 그때까지의 저점] 부근에서 진입하는 전략으로 전일 대비 크게 하락하면 할수록 신뢰도는 커지는 전략입니다. 선물은 매수하고 콜옵션은 매도, 풋옵션은 매수하는 방법입니다. 매수하는 풋옵션의 가격은 대략 1.2~1.4, 매도하는 콜옵션의 가격은 대략 0.8~1.0으로 합성하는 것이 유리합니다.

　　포지션 비율은 각 주별로 앞에서 언급한 수량으로 활용하시기 바라며 매매일수와 변동성에 따라 수량을 달리 할 수 있습니다.

91

일간 변동성 매매전술 – BOX권 횡보일 때

●옵션 변동성 하락 후 상승 시 스트랭글 매수 또는 스트래들 매수

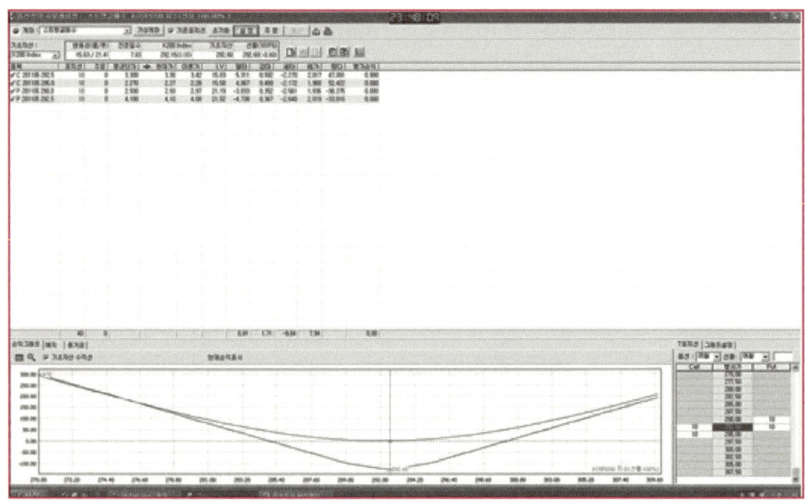

동일월물의 콜옵션과 풋옵션으로 구사하는 전략으로 콜옵션과 풋 옵션을 양매수하는 방법입니다. 비율은 수량으로 1대 1

옵션변동성이 당일 바닥 부근이나 저점 부근에서 어느 한 방향으로 크게 움직일 것으로 예상될 때 베팅하는 전략으로 콜·풋옵션 가격이 전일 대비 30% 이상 하락했을 때 신뢰도가 높습니다. 매주별 하락률을 고려하여 활용할 것. 옵션가격이 전일 대비 30% 이상 하락했을 때 구사하는 전략으로 선물이 어느 한 방향으로 움직일 것으로 예상될 때 많이 사용합니다. 그러나 우리나라 시장이 대부분 횡보하거나 크게 움직이지 않는 경우가 많아서 외국인이나 기관을 별로 사용하지 않는 전략입니다.
대부분의 개인투자자만 사용합니다.

●**옵션 변동성 상승 후 하락 시** 스트랭글 매도 또는 스트래들 매도

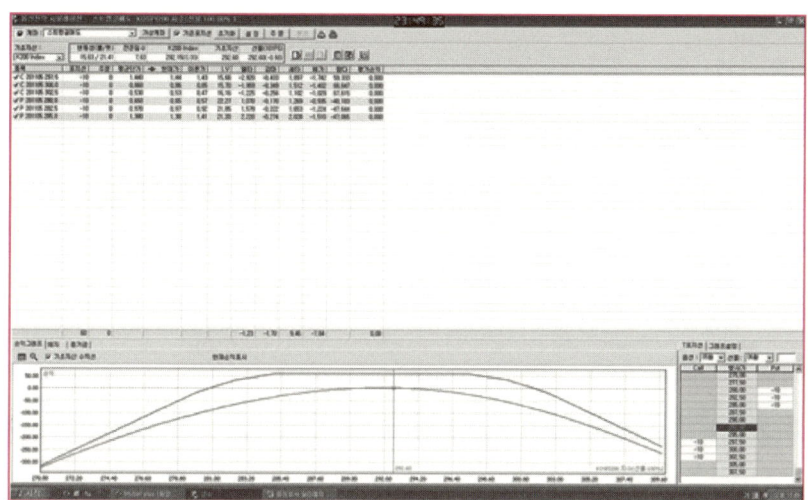

　동일월물의 콜옵션과 풋옵션으로 구사하는 전략으로 콜옵션과 풋
옵션을 양매도하는 방법입니다.^{비율은 수량으로 1대 1} 옵션변동성이 당일 꼭지
부근이나 고점 부근에서 어느 한 방향으로 크게 움직이지 않고 횡보
할 것으로 예상될 때 베팅하는 전략으로 콜·풋옵션의 가격이 2.0부터
0.8사이의 가격에서 신뢰도가 높습니다. 지수선물이 전일 대비 3.0 안
에서 횡보할 때 구사하는 전략으로 선물이 어느 한 방향으로 움직이지
않고 BOX권 횡보가 예상될 때 많이 사용합니다. 지수 선물이 크게 급
등락하지 않는 우리 시장에 적합하나 이 전략은 오버나잇 했을 경우
야간에 발생할 수 있는 위험요소가 너무 많기 때문에 가급적이면 당일
진입하고 당일 청산하는 데이트레이딩으로만 매매하시기 바랍니다. 외

국인과 기관이 가장 많이 사용하는 매매방식입니다.

스프레드 차트(기준 선물지수)

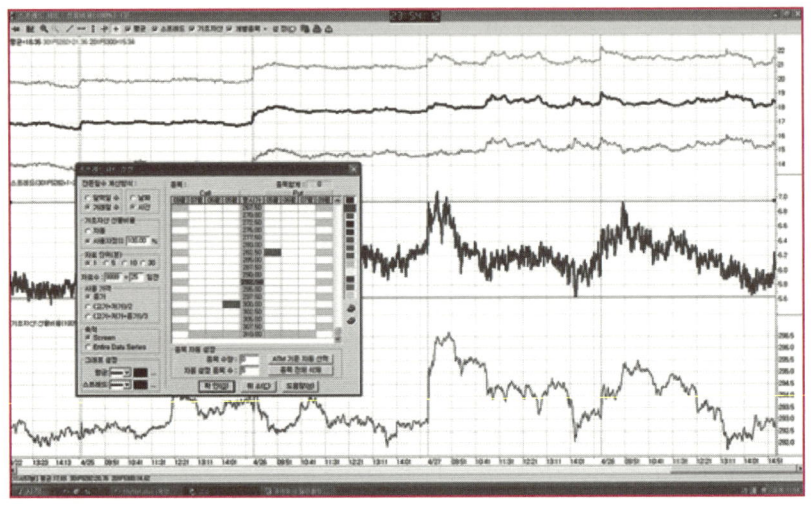

위의 차트는 선물과 콜옵션, 풋옵션의 변동성 움직임을 한 번에 볼
수 있도록 한 스프레드 차트로서 기초자산의 선물비율을 100%로 하
고 풋옵션은 +1로 콜옵션은 -1로 표기하도록 합니다.

●당일 스프레드 저점 변형합성선물 매수

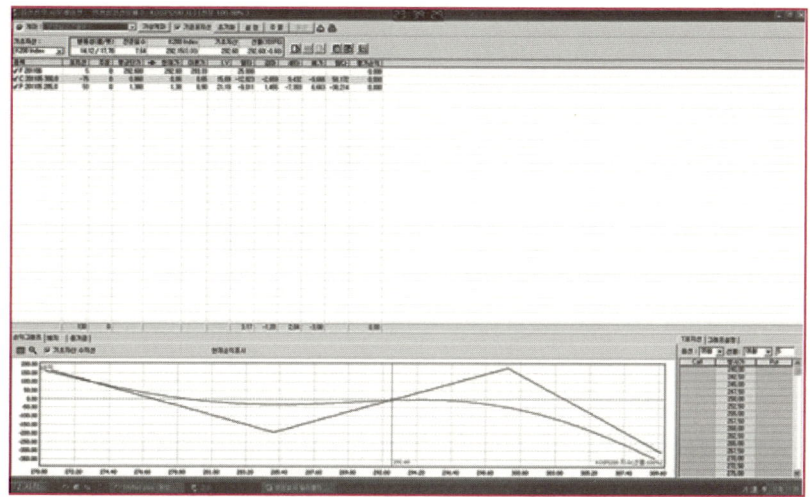

스프레드 저점에서도 기관이나 외국인이 많이 구사하는 매매전략입니다. 지수 선물이 전일 대비 2.5포인트 이상 갭 하락하거나 당일 저점10시까지 관망 후 그때까지의 저점 부근에서 진입하는 전략으로 전일 대비 크게 하락하면 할수록 신뢰도는 커지는 전략입니다. 선물은 매수하고 콜옵션은 매도, 풋옵션은 매수하는 방법입니다. 매수하는 풋옵션의 가격은 대략 1.2~1.4, 매도하는 콜옵션의 가격은 대략 0.8~1.0으로 합성하는 것이 유리합니다.

포지션 비율은 각 주별로 앞에서 언급한 수량으로 활용하시기 바라며 매매일수와 변동성에 따라 수량을 달리할 수 있습니다.

● 당일 스프레드 고점 변형합성선물 매도

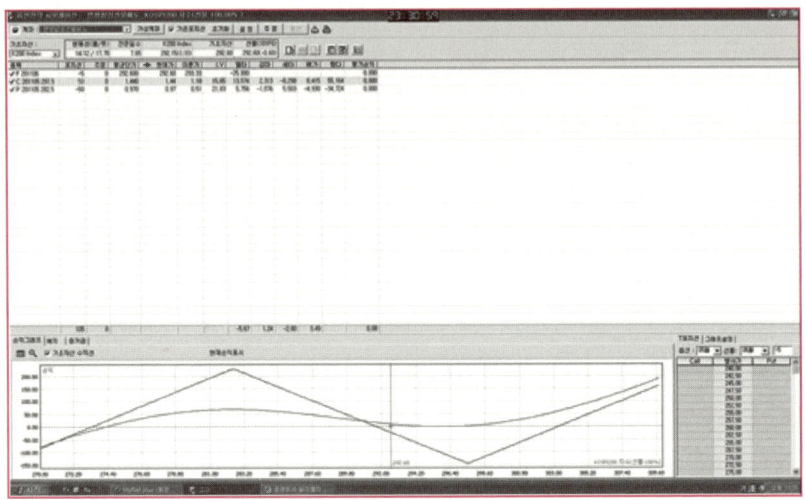

　　스프레드 고점에서도 기관이나 외국인이 많이 구사하는 매매전략입니다. 지수 선물이 전일 대비 2.5포인트 이상 갭 상승하거나 당일 고점_{10시까지 관망 후 그때까지의 고점} 부근에서 진입하는 전략으로 전일 대비 크게 상승하면 할수록 신뢰도는 커지는 전략입니다. 선물은 매도하고 콜옵션은 매수, 풋옵션은 매도하는 방법입니다. 매수하는 콜옵션의 가격은 대략 1.2~1.4, 매도하는 풋옵션의 가격은 대략 0.8~1.0으로 합성하는 것이 유리합니다.

　　포지션 비율은 각 주별로 앞에서 언급한 수량으로 활용하시기 바라며 매매일수와 변동성에 따라 수량을 달리할 수 있습니다.

92

시간대별 공략법 – 스켈퍼

KOSPI200 선물옵션을 거래함에 있어 개장 직후 전일 해외증시의 움직임이 가장 크게 반영되며 지수의 흐름 역시 가장 크게 영향을 미치므로 갭 상승과 갭 하락에 따른 KOSPI200 선물옵션의 가격 또한 09시부터 대략 1시간가량 변동성이 크게 확대됩니다.

가급적 방향성 예측에 따른 선물매매나 옵션매수 플레이는 하지 않는 것이 원칙이나 옵션매수전용계좌로 투자하시는 소액투자자들이나 스켈퍼들은 이때, 개장 직후 1시간을 매매하시는 것이 가장 유리합니다.

08시59분 거래소에서 제공해주는 KOSPI200지수를 토대로 하여 적정 옵션가격을 도출한 후 한 번에 전부 체결하는 것이 아니라 예상되는 가격부터 20개 정도의 아래 호가에 분할하여 미리 깔아 놓는 매매를 하는 것이 확률상 가장 큰 수익을 안겨줍니다.

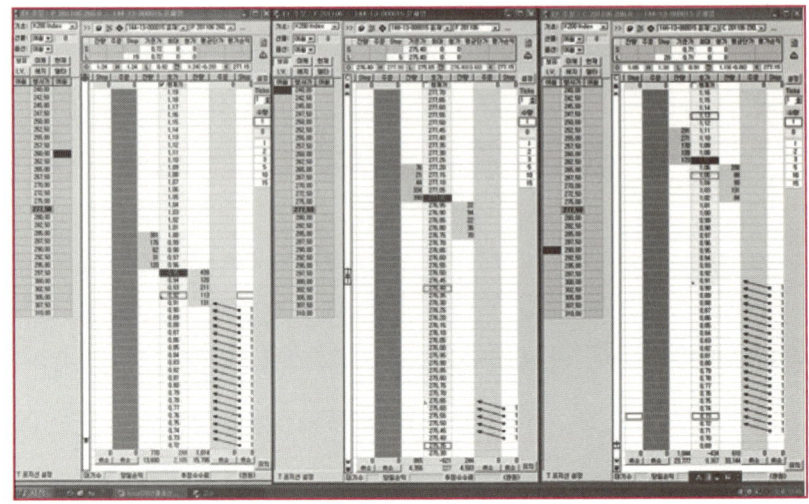

　　좌측 풋옵션, 가운데 주가지수선물, 우측 콜옵션으로 세팅합니다.
예를 들면 08시59분에 KOSPI200지수가 전일 대비해서 2.5포인트 하락
하여 출발할 것으로 나오면 전일 1.0짜리 콜옵션가격은 전일 대비해서
1주, 2주, 3주, 4주의 시간 경과에 따라 대략 1주 30% 하락한 0.7, 2주
40% 하락한 0.6, 3주 50% 하락한 0.5, 4주 60% 하락한 0.4 정도의 가
격에 시작되므로 개장 직후 예상되는 가격의 아래 호가부터 20개 호
가 정도에 1/20개의 비중으로 전부 미리 깔아 놓습니다.

　　대부분의 1주, 2주, 3주차일 때의 옵션은 가격이 0.5 이하로 하락하
면 특히 전일 대비하여 50% 이상 하락하였다면 지수가 예상 반대 방
향으로 더 변동하여도 더 이상 가격이 하락하지 않는 성향이 있습니
다. 이는 지수의 급격한 상승 또는 하락에 대한 기술적 반응이 나타날
것에 대한 기대심리로 옵션가격이 콜, 풋을 불문하고 가격이 상승하는
것입니다.

전일 대비하여 가격의 변동이 크면 클수록 옵션의 기대심리는 상승하므로 콜옵션과 풋옵션 양쪽 가격이 상승할 확률이 높습니다. 대부분의 개인투자자들이 09시부터 10시까지 스켈핑으로 수익을 내지만, 10시 이후의 추가적인 잦은 매매와 이로 인한 비용의 증가로 인해 장마감 부근에 수익현황을 보면 대부분 벌었던 수익은 감소하고 매매수수료는 증가해 있는 그래서 그날의 수익은 '0'이거나 '마이너스'인 경우가 다반사입니다.

　　될 수 있으면 잦은 매매는 피하시기 바라며 수익이 나면 수익을 확정하고 더 이상 매매하지 않는 습관을 들이시기 바랍니다. 10시부터 14시까지는 가급적 더 이상 매매를 하지 마시고 시장을 관망하시기 바랍니다. 14시 이후의 매매는 해외증시 중 특히 시간 외 미 증시의 움직임을 잘 지켜보시다가 10포인트 이상 상승하거나 하락하였을 경우 동일 방향으로 매매하시는 것이 유리합니다.

시간대별 공략법 – 데이트레이더

데이트레이더는 될 수 있는 대로 10시까지는 관망하시면서 투자자별 포지션 현황과 변동성의 흐름을 체크하여 10시 이후 일간매매전술에서 언급한 전략들로 매매하시는 것이 확률상 유리합니다. 또한, 중요한 사항으로 각 주마다 수량과 행사가를 달리할 수 있다는 점을 항상 유념하시기 바랍니다.

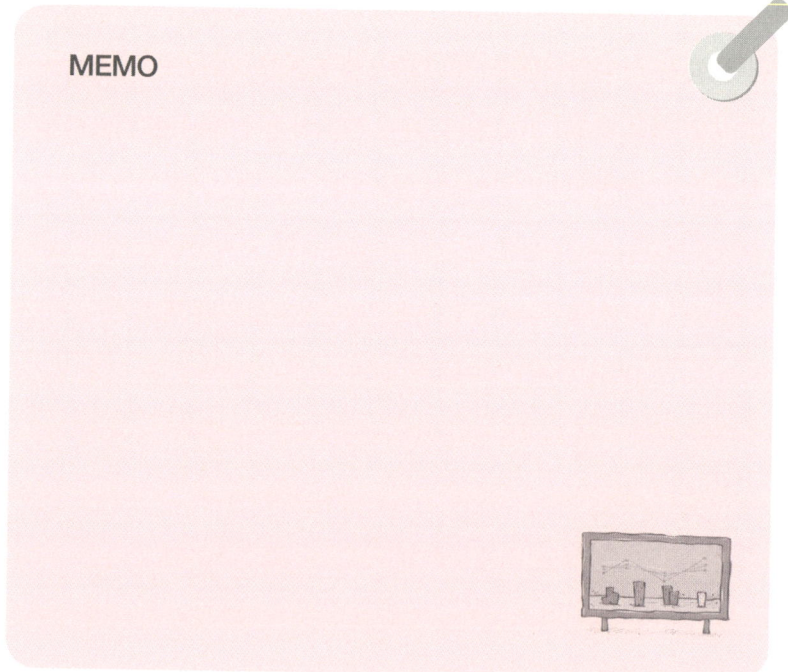

MEMO

●선물 2.5포인트 이상 상승 시 변형합성선물 매도

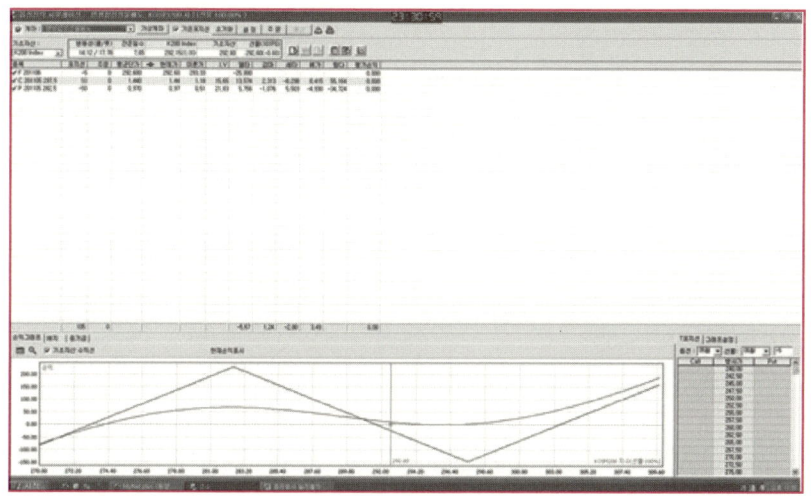

 지수 선물이 전일 대비 2.5포인트 이상 갭 상승하거나 당일 고점^{10시}

까지 관망 후 그때까지의 고점 부근에서 진입하는 전략으로 전일 대비 크게 상승

하면 할수록 신뢰도는 커지는 전략입니다. 선물은 매도하고 콜옵션은

매수, 풋옵션은 매도하는 방법입니다. 매수하는 콜옵션의 가격은 대략

1.2~1.4, 매도하는 풋옵션의 가격은 대략 0.8~1.0으로 합성하는 것이 유

리합니다.

 포지션 비율은 각 주별로 앞에서 언급한 수량으로 활용하시기 바

라며 매매일수와 변동성에 따라 수량을 달리할 수 있습니다.

●선물 2.5포인트 이상 하락시 변형합성선물 매수

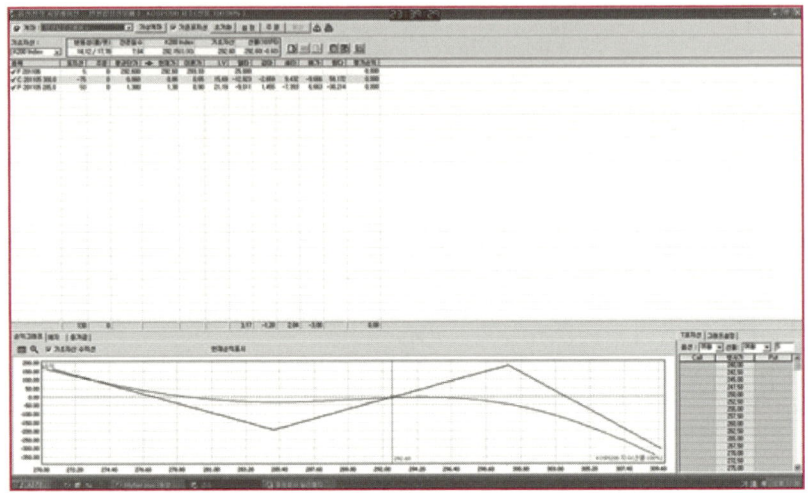

　　지수 선물이 전일 대비 2.5포인트 이상 갭 하락하거나 당일 저점[10시
까지 관망 후 그때까지의 저점] 부근에서 진입하는 전략으로 전일 대비 크게 하락
하면 할수록 신뢰도는 커지는 전략입니다. 선물은 매수하고 콜옵션은
매도, 풋옵션은 매수하는 방법입니다. 매수하는 풋옵션의 가격은 대략
1.2~1.4, 매도하는 콜옵션의 가격은 대략 0.8~1.0으로 합성하는 것이 유
리합니다.

　　포지션 비율은 각 주별로 앞에서 언급한 수량으로 활용하시기 바
라며 매매일수와 변동성에 따라 수량을 달리할 수 있습니다.

●옵션 변동성 상승 후 하락 시 스트랭글 매도 또는 스트래들 매도

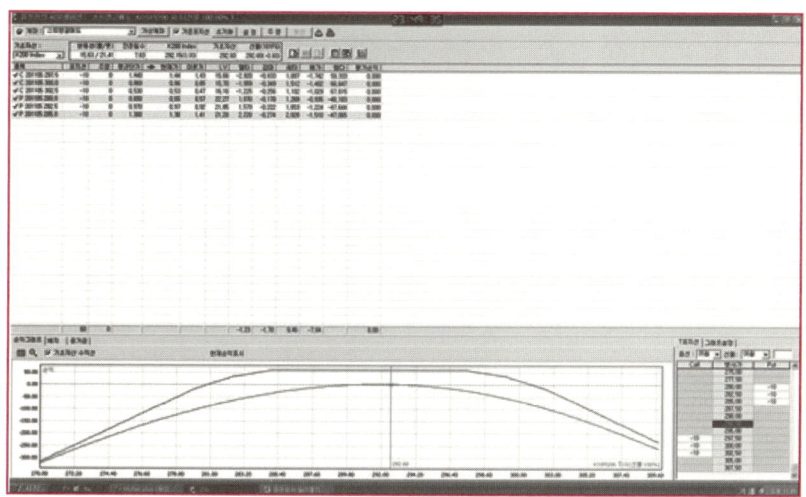

　　동일월물의 콜옵션과 풋옵션으로 구사하는 전략으로 콜옵션과 풋옵션을 양매도하는 방법입니다.^{비율은 수량으로 1대 1} 옵션변동성이 당일 꼭지 부근이나 고점 부근에서 어느 한 방향으로 크게 움직이지 않고 횡보할 것으로 예상될 때 베팅하는 전략으로 콜·풋옵션의 가격이 2.0부터 0.8사이의 가격에서 신뢰도가 높습니다.

　　지수선물이 전일 대비 3.0 안에서 횡보할 때 구사하는 전략으로 선물이 어느 한 방향으로 움직이지 않고 BOX권 횡보가 예상될 때 많이 사용합니다. 지수 선물이 크게 급등락하지 않는 우리 시장에 적합하나 이 전략은 오버나잇 했을 경우 야간에 발생할 수 있는 위험요소가 너무 많기 때문에 가급적이면 당일 진입하고 당일 청산하는 데이트레이딩으로만 매매하시기 바랍니다.

　　외국인과 기관이 가장 많이 사용하는 매매방식입니다.

94

시간대별 공략법 − 포지션트레이더

　포지션트레이더 역시 데이트레이더와 마찬가지로 가급적 10시까지는 관망하시면서 투자자별 포지션 현황과 변동성의 흐름을 체크하여 10시 이후 일간 매매전술에서 언급한 전략들로 매매하시는 것이 확률상 유리합니다. 또한, 중요한 사항으로 주마다 수량과 행사가를 달리할 수 있다는 점을 항상 유념하시기 바랍니다.

●**시걸전략** 등가, 2.5 외가 매수 + 5.0, 7.5, 10.0 외가 매도

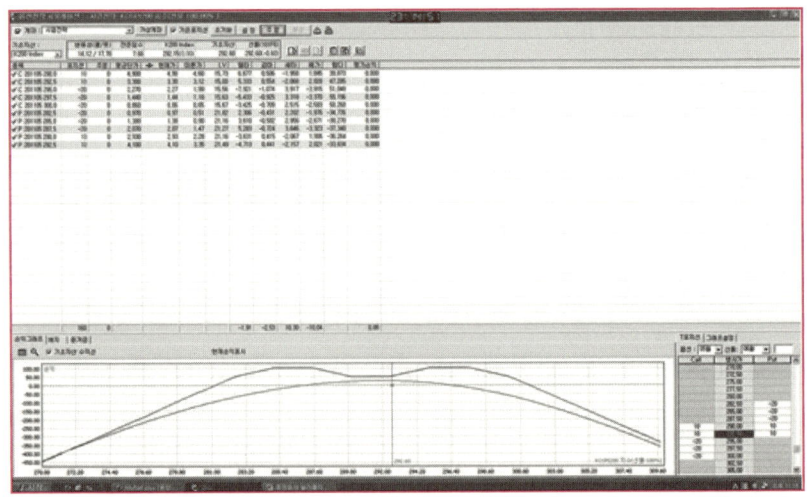

동일월물의 콜옵션과 풋옵션으로 구사하는 전략으로 콜옵션 및 풋옵션의 등가, 2.5의 외가격 옵션은 매수하고 콜옵션 및 풋옵션의 5.0, 7.5,10.0 외가격옵션은 양매도하는 방법입니다.^{비율은 매수금액 〈 매도금액}

옵션변동성이 당일 고점 부근에서 상황판단이 서지 않을 때 구사하는 전략으로 만기가 다가올수록 신뢰도가 높습니다. 지수선물이 전일 대비 3.0 안에서 횡보할 때나 지수의 움직임이 예측되지 않을 때 구사하는 전략으로 선물이 어느 한 방향으로 움직이지 않고 BOX권 횡보할 때 유효한 매매전략이지만 앞이 안 보일 때 많이 사용하는 방법입니다.

지수 선물이 크게 급등락하지 않는 우리 시장에 적합한 전략으로 오버나잇 하는 포지션트레이더들이 만기 주에 가장 많이 선호하는 전략입니다. 중요한 사항으로 주마다 수량과 행사가를 달리할 수 있다는 점을 항상 유념하시기 바랍니다.

● **선물 2.5포인트 이상 상승 시** 변형합성선물 매도

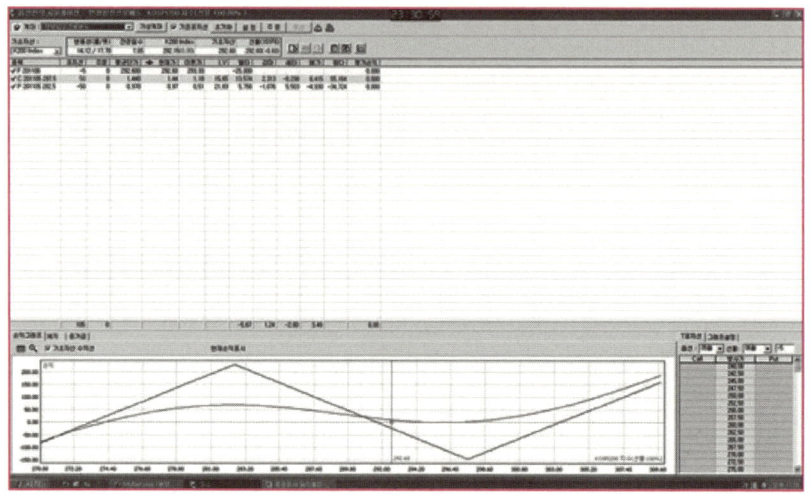

지수 선물이 전일 대비 2.5포인트 이상 갭 상승하거나 당일 고점[10시 까지 관망 후 그때까지의 고점] 부근에서 진입하는 전략으로 전일 대비 크게 상승하면 할수록 신뢰도는 커지는 전략입니다. 선물은 매도하고 콜옵션은 매수, 풋옵션은 매도하는 방법입니다. 매수하는 콜옵션의 가격은 대략 1.2~1.4, 매도하는 풋옵션의 가격은 대략 0.8~1.0으로 합성하는 것이 유리합니다.

비율은 선물 1개 매도 + 콜 2개 매수 + 풋 2개 매도로 진입하신 후에 수익이 나면 1세트당 10~20만 원 선에서 이익 실현하시기 바랍니다. 손실 시 선물에서 10틱 이상 수익이 나면 콜 매수분은 1개로 줄이시고 풋 매도분은 4개 정도로 늘리시기 바라며 반대로 선물에서 10틱 이상 손실이 나면 콜 매수분은 그냥 두시고 풋 매도분만 3개로 늘리시기 바랍니다.

KOSPI200 선물옵션 트레이딩 바이블

위의 내용은 3주차일때 활용하는 것이며 포지션 비율은 각 주별로 앞에서 언급한 수량으로 활용하시기 바라며 매매일수와 변동성에 따라 수량을 달리 할 수 있습니다.

MEMO

● 선물 2.5포인트 이상 하락 시 변형합성선물 매수

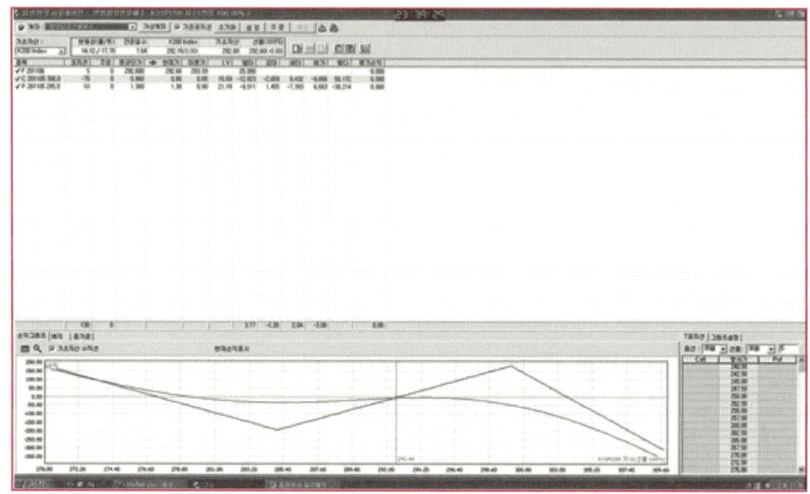

　　지수 선물이 전일 대비 2.5포인트 이상 갭 하락하거나 당일 저점[10시 까지 관망 후 그때까지의 저점] 부근에서 진입하는 전략으로 전일 대비 크게 하락 하면 할수록 신뢰도는 커지는 전략입니다. 선물은 매수하고 콜옵션은 매도, 풋옵션은 매수하는 방법입니다. 매수하는 풋옵션의 가격은 대략 1.2~1.4, 매도하는 콜옵션의 가격은 대략 0.8~1.0으로 합성하는 것이 유 리합니다.

　　비율은 선물 1개 매수 + 콜 2개 매도 + 풋 2개 매수로 진입하신 후 에 수익이 나면 1세트당 10~20만 원 선에서 이익 실현하시기 바랍니다. 손실 시 선물에서 10틱 이상 수익이 나면 풋 매수분은 1개로 줄이시고 콜 매도분은 4개 정도로 늘리시기 바라며 반대로 선물에서 10틱 이상 손실이 나면 풋 매수분은 그냥 두시고 콜 매도분만 3개로 늘리시기 바 랍니다.

위의 내용은 3주차일때 활용하는 것이며 포지션 비율은 각 주별로 앞에서 언급한 수량으로 활용하시기 바라며 매매일수와 변동성에 따라 수량을 달리 할 수 있습니다.

MEMO

● 옵션 변동성 상승 후 하락 시 스트랭글 매도 또는 스트래들 매도

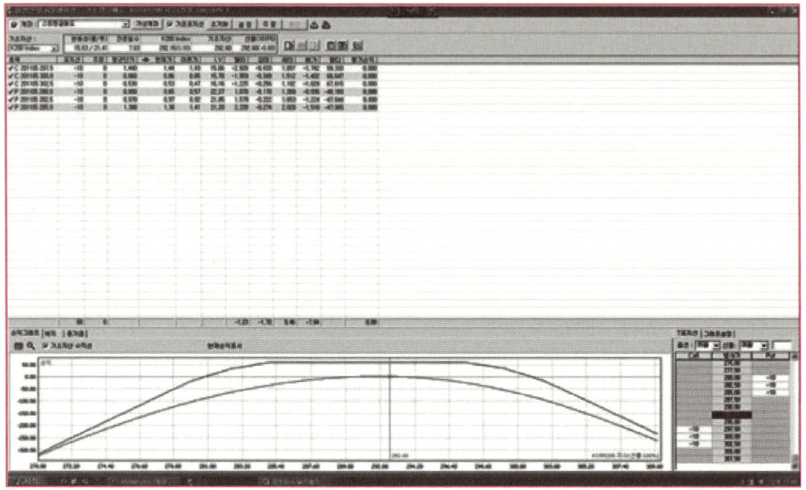

　　동일월물의 콜옵션과 풋옵션으로 구사하는 전략으로 콜옵션과 풋옵션을 양매도하는 방법입니다. ^{비율은 수량으로 1대 1} 옵션변동성이 당일 꼭지 부근이나 고점 부근에서 어느 한 방향으로 크게 움직이지 않고 횡보할 것으로 예상될 때 베팅하는 전략으로 콜·풋옵션의 가격이 2.0부터 0.8사이의 가격에서 신뢰도가 높습니다. 지수선물이 전일 대비 3.0 안에서 횡보할 때 구사하는 전략으로 선물이 어느 한 방향으로 움직이지 않고 BOX권 횡보가 예상될 때 많이 사용합니다. 지수 선물이 크게 급등락하지 않는 우리 시장에 적합하나 이 전략은 오버나잇 했을 경우 야간에 발생할 수 있는 위험요소가 너무 많기 때문에 가급적이면 당일 진입하고 당일 청산하는 데이트레이딩으로만 매매하시기 바랍니다. 외국인과 기관이 가장 많이 사용하는 매매방식입니다.

지금까지 PART 6에서 언급한 주별시나리오 매매전략과 일간 변동성 매매전술, 시간대별 공략법 등은 저자가 14년 동안 KOSPI200 선물옵션을 거래하면서 확률적으로 가장 유리하다고 판단되는 매매방법이며 비슷하거나 동일한 전략이 계속해서 반복되는 이유는 그 전략들이 우리시장에서 매주마다 수량과 행사가만 변경해서 매매하면 수익낼 확률이 높기 때문입니다. 이 매매방법들이 모든 KOSPI200 선물옵션을 거래하시는 투자자들을 성공으로 이끌 수는 없습니다. 그러나 파생시장의 메이저인 증권회사 딜러들과 외국인의 매매방법을 이해하고 투자자 본인들의 성공과 실패에서 깨달은 매매방법과 매매원칙으로 거래하신다면 반드시 성공하시리라 확신합니다. 아무쪼록 이 책을 읽고 KOSPI200 선물옵션을 거래하시는 모든 투자자가 반드시 성공하시기를 진심으로 기원합니다.

부록 1

거래 원칙 및
거래일지 작성하기

KOSPI200
선물옵션 트레이딩 바이블

95
거래원칙 세우기

매매원칙

- 매매일지를 반드시 쓴다.

- 분할 진입 분할 청산 한다.

- 가급적 10시까지 관망한다.

- 기다리고 기다려서 진입한다.

- 방향성 매매를 절대 하지 않는다.

- 포지션을 절대 오버나잇 하지 않는다.

- 원칙을 목숨처럼 지킨다.

손절원칙

- 1% 손실 시 모든 포지션을 정리한다(총자산 1억일 때 100만 원).

- 3% 손실 시 모든 거래를 정지한다(총자산 1억일 때 300만 원).

- 3% 손실 시 일주일간 수량을 적게 하거나 모의 트레이딩하며 자신감을 회복한다.

- 10% 손실 시 선물옵션매매를 1개월간 정지 후 원인분석을 한다 (총자산 1억일 때 1,000만 원).

96
시장분석방법 배우기

기본적 분석

- 전일 미 증시 및 유럽, 주변국 증시 동향을 파악한다.
- 전일 유가 동향 및 환율동향, 금리 현황을 파악한다.
- 장중 주변국 실시간 지수 움직임을 파악한다.
- 전일 매매 주체별 포지션 현황 파악(개인, 외국인, 증권, 투신) : 포지션 누적현황 및 만기 예상손익도 등을 세부 검토한다.
- 5분 단위로 매매 주체별 포지션 현황을 파악하여 매매에 적용한다.
- 기타 경제 주요 내용 및 실시간 뉴스를 분석하여 매매에 활용한다.

기술적 분석

- 기술적 지표상 현재의 시점을 파악한다(월봉, 주봉, 일봉). : 과매수권, 과매도권, 매수지속 또는 매도지속 여부를 체크한다.
- 시장 패턴 및 형태를 파악한다(일봉, 60분봉, 30분봉). : 캔들 분석, 이동평균선 분석, 패턴분석, 기타 지표분석을 체크한다.
- 저항대, 지지대를 설정한다(일봉, 60분봉, 30분봉). : 피봇 분석, 이동평균선 분석, 전고점·전저점 분석

— 기타 기술적 지표들을 활용하여 매매에 참고한다.

— 트레이딩은 5분봉과 15분봉을 활용하여 진입, 청산한다.

MEMO

97
매매일지 작성하기

● 거래일지   2011. . .

구 분	시 황 분 석	저항/지지
전일증시 기타뉴스		저항대 2차 1차
전 략 전 술		1차 2차 지지대

분할 진입, 분할 청산!   **1% 포지션 정리, 3% 거래 정지!**

구 분	시간	1차 진입	2차 진입	3차 진입	4차 진입	청산	진입이유/결과	비 고

원칙을 목숨처럼 지킨다!

구 분	진입 및 정리시점	문제점 및 개선점	비 고
거래분석			

MEMO

부록 2

재야고수의
매매 절대원칙 배우기

KOSPI200
선물옵션 트레이딩 바이블

98

개장 전

- 자신만의 고유매매기법을 개발하고 매매에 임하라.
- 항상 당신과 같은 개미들의 마음 심리 − 탐욕, 공포 을 파악하라.
- 등락과 등락폭을 예상하지 마라.
- 매매계획서 시나리오 를 작성하고, 계획 시나리오 하에 매매하라.
- 깡통 차고 싶지 않으면 빨리 부자가 되려고 하지 마라.
- 수익보다 생존을 먼저 생각하라.
- 기다리고 기다려서 매매에 임하도록 다짐하라.
- 시장은 끝없이 열리니 매일 매매하려고 하지 마라. 절대 조급해하지 말고 여유를 가져라, 흥분하지 마라.

99

개장 중

- 끝없이 참고, 또 참고 기다려라. 매매시간 절반 이상은 기다림의 시간이다.
- 추세에 순응하라. 미스터 마켓과 맞서지 마라.
- 많이 생각하고, 적게 행동하라.
- 자신의 매매원칙을 목숨처럼 지켜라. 아는 것과 실천하는 것은 전혀 다르다.
- 단순무식하게 매매하라.
- 확신이 서면 진입하고 이익이 나면 무조건 청산하라. 줄 때 먹어라.
- 자신과 궁합이 맞는 매매기법을 가까이 하라. 한 놈만 패라.
- 기회가 왔을 때는 과감히 베팅하라.
- 뉴스가 반영되지 않으면 바로 빠져나와라.
- 장 시작 후 바로 진입하지 마라. 정상적인 시장으로 복귀 후에 매매하라.
- 1~2틱을 아까워하지 마라.
- 사랑스러운 처자식을 생각하며 재빨리 손절하라. 빠르면 빠를수록 좋다.
- 아니다 싶으면 뒤도 돌아보지 말고 청산하라.
- 장중 나스닥선물이 상하 10포인트 이상 등락 시 마감 동시호가 베팅하라.
- 절대로 오버나잇 하지 말고, 오버나잇은 이익금만큼만 매수로 하라. 절대로 손실 난 포지션은 오버나잇 하지 마라.

100
장 마감 후

— 제일 먼저 산책이나 운동부터 해라.

— 매매일지를 반드시 작성하고 복기하라.

— 항상 일정 포지션으로 매매하고 이익금은 매일 인출하라.

— 큰 수익 뒤엔 휴식을 취하라.

— 연속된 손실로 장이 보이지 않거나 자신이 없거든 잠시 시장을 떠나라.

— 자신이 수익 났을 때 실력이 아니라 운이라고 생각하라.실력이 아니다.

— 인생에는 트레이딩보다 중요한 것이 훨씬 많다는 것을 잊지 마라.가족의 사랑, 명예, 우정, 헌신, 봉사 등등.

— 일찍 자고 일찍 일어나라.야간매매나 미 증시, 유럽 증시 절대 보지 마라.

101
전략매매의 절대 원칙

- 2.0 이하의 옵션만 거래하라(0.6~2.0).
- 0.4 이하는 만기 주에만 거래하고 그전에는 쳐다보지 마라.
- 10시 이후에 포지션 진입하고 14시 이전에 매매를 정리하라.
- 갭 하락 시, 특히 선물지수 -3.0포인트 이상 하락 시 풋매도(특히 3.0 이상) 절대 하지 마라.
- 갭 상승(하락) 후 보합 부근 시 양매도 진입하라.
- 양매도 포지션 구축은 항상 세트로 하며 2~3개 행사가로 하라.
- 콜풋 동시진입이 원칙이며 2~3호가로 분할 진입하라.
- 갭 상승 전일 대비 +권에서는 양매도, call ratio-spread, coverd-call 전략이 유리하다.
- 갭 하락 전일 대비 -권에서는 back-spread, 수직적 약세 전략이 유리하다.
- Over-night는 절대로 하지 않는다.
- 포지션 구축 후 첫 번째 행사가가 두 번째 행사가와 가격이 비슷해질 경우 반드시 포지션을 변경하라(행사가를 변경하라).
- 매수분 2.4 돌파 시 행사가 변경, 매도분 0.4 하락 시 행사가 변경.
- 상승 시 : + 3.0 범위 안 put 변경, +3.0 이상 call 변경.
  하락 시 : put 변경

MEMO

부록 3

지수변동에 따른
투자 성향별 매매전략

KOSPI200
선물옵션 트레이닝 바이블

전일 대비 지수		스켈퍼	데이트레이더	포지션트레이더
+2.5 이내	고점	콜매도, 선물매도	변형선물매도	시걸전략 변형선물매도
	저점	풋매도, 선물매수	양매도 변형선물매수	양매도
-2.5 이내	고점	풋매수, 선물매도	변형선물매도	시걸전략
	저점	풋매도, 선물매수	양매도 변형선물매수	양매도 변형선물매수
+2.5 이상 저항	고점	선물매도	변형선물매도	콜백스프레드 변형선물매도
	저점	콜매수, 선물매수	콜백스프레드 불스프레드	시걸전략
-2.5 이상 지지	고점	풋매수, 선물매도	풋백스프레드 베어스프레드	시걸전략
	저점	선물매수	변형선물매수	풋백스프레드 변형선물매수
급변 상황 발생	폭등	콜매수	콜매수	콜매수
	폭락	풋매수	풋매수	풋매수